ACKERKÜCHE

Das Kochbuch der GemüseAckerdemie

Impressum

Großbeerenstraße 17
14482 Potsdam
info@ackerdemia.de

Vertreten durch: Dr. Christoph Schmitz, Julia Krebs, Ulrike Päffgen

Oktober 2017, 1. Auflage

Konzept: Ackerdemia e. V. gemeinsam mit Dr. Wanda Born
Autorin: Dr. Wanda Born
Redaktion: Marie Gauerke (Ackerdemia e. V.)
Gestaltung: 6grad51
Illustration Cover und Gemüsecharaktere: Jennifer Daniel

Verlag: Ackerdemia Verlag
Druck: Comfotec
Gedruckt auf Recyclingpapier.

Die Bildnachweise befinden sich auf Seite 128.

ISBN 978-3-00-057807-6
www.ackerdemia.de
www.gemüseackerdemie.de

LIEBE LESERINNEN UND LESER,

Essen ist eines der wichtigsten und schönsten Dinge in unserem Leben. Nicht nur als Hauptzutat für ein gesundes Leben, sondern auch für einen gemütlichen Abend mit der Familie und mit Freunden. Leider wird im Alltag immer weniger selbst gekocht, während die Nachfrage nach Fertiggerichten wächst. Knapp die Hälfte der Kinder und Jugendlichen isst mittags nicht mehr zu Hause. Sie lernen immer seltener, wie einfach gesunde Gerichte zubereitet werden können oder wo unsere Lebensmittel überhaupt herkommen.

Mit meinen Projektpartnern haben wir bereits 2010 das Projekt „Klasse, Kochen!"* ins Leben gerufen, um Kindern und Jugendlichen beizubringen, wie sie sich selbst ein leckeres Essen zubereiten können. Sie reichen dafür kreative Beiträge zu den Themen Lebensmittel, Ernährung und Kochen ein. Die Gewinnerklassen erhalten dann eine neue Schulküche. Während der Kücheneinweihung der Gewinnerklasse an der Rosa-Luxemburg-Schule in Potsdam habe ich das Bildungsprogramm **GemüseAckerdemie** kennengelernt und war sofort begeistert. Nach der Devise „Ackern schafft Wissen" bauen Kinder und Jugendliche dort, aber auch in vielen weiteren Kitas und Schulen, ihr eigenes Gemüse an und entwickeln so eine höhere Wertschätzung für Lebensmittel und ein grundlegendes Wissen für gesunde Ernährung.

Bleibt nur noch die Frage: Wie bekomme ich die frische Ernte am besten auf den Teller? Genau diese Lücke schließt das Kochbuch „AckerKüche" mit dem Motto „Einfach kochen". Es liefert tolle Ideen und Anregungen, wie frisches Gemüse direkt vom Acker, aus dem eigenen Garten oder dem Supermarkt saisonal, einfach und kindgerecht zubereitet werden kann. Lecker!

In diesem Sinne: viel Spaß, rauf auf den Acker und ran an die Kochlöffel!

Euer Tim Mälzer

*www.in-form.de/netzwerk/klasse-kochen

GemüseAckerdemie

DIE GEMÜSEACKERDEMIE

Für eine Generation, die weiß, was sie isst!

Die GemüseAckerdemie ist ein ganzjähriges, praxisorientiertes Bildungsprogramm mit dem Ziel, die Wertschätzung für Lebensmittel bei Kindern und Jugendlichen zu steigern und ein gesundes Ernährungsverhalten zu verankern. Das Programm richtet sich an Schulen und Kitas sowie sämtliche Bildungseinrichtungen im Kinder- und Jugendbereich.

Im Rahmen der GemüseAckerdemie bauen die Kinder und Jugendlichen über eine ganze Saison auf ihrem Schul- bzw. KitaAcker ihr eigenes Gemüse an und lernen so landwirtschaftliches Basiswissen, entwickeln ein Verständnis für gesunde Ernährung und erfahren, wie Naturzusammenhänge wirken. Die Ernte wird direkt auf dem Acker probiert, in der Küche verkocht, mit nach Hause genommen oder vermarktet. Hinter der GemüseAckerdemie steht Ackerdemia e. V. Ackerdemia ist eine gemeinnützige Organisation mit dem Ziel, das Bewusstsein in der Gesellschaft bezüglich Lebensmittelproduktion sowie gesunder Ernährung zu stärken. Dazu entwickelt Ackerdemia soziale und nachhaltige Konzepte, die gemeinsam mit lokalen Partnern umgesetzt werden.

www.gemüseackerdemie.de
www.ackerdemia.de

GemüseAckerdemie   Ackerdemia

DIE AUTORIN

Wanda Born ist eigentlich promovierte Agrarökonomin, seit mehr als 20 Jahren kocht sie jedoch leidenschaftlich und bewusst, manchmal für bis zu 150 Leute. Zeitweise belieferte sie zwei kleine Kantinen nach ihrem Prinzip der „smart meals" – regional und saisonal. Wanda ist es ein Anliegen, ihren Kindern ein Gefühl fürs Kochen und für Lebensmittel nahezubringen, regional-saisonale Zutaten zu verwenden, Reste kreativ zu verwerten – und das in einer alltagstauglichen Art. Ihre drei Kinder sind zusammen mit diversen Nachbarskindern regelmäßige Testesser ihrer Gerichte. Nebenbei betreibt sie den Kochblog www.gartenkoechin.de.

EINFACH KOCHEN

VORWORT

„Und was mach ich jetzt mit dem ganzen Gemüse?" Eine Frage, die Eltern uns oft stellen, wenn ihre Kinder Pastinaken, Palmkohl, Mangold & Co. frisch aus der GemüseAckerdemie mit nach Hause bringen. Unsere Antwort ist dieses Kochbuch: die AckerKüche!

In der GemüseAckerdemie lernen die Kinder eine große Vielfalt an unterschiedlichen Gemüsearten und -sorten kennen. Die frische Ernte saisonal zu verarbeiten, stellt viele Menschen in der heutigen Zeit, in der Supermärkte fast alle Lebensmittel zu jeder Jahreszeit zur Verfügung haben, zunehmend vor eine Herausforderung.

Unter dem Motto „Einfach kochen" bietet das Kochbuch einen perfekten Einstieg in die saisonale Küche. Die jahreszeitliche Anordnung der Rezepte erleichtert es, frische und regionale Zutaten zu verwenden. Diese haben oft den besten Geschmack. Wer schon einmal eine reife Tomate im warmen Sommer gepflückt und frisch gegessen hat, weiß das bestimmt! Saisonales und regionales Gemüse ist auch besser für die Umwelt, z. B. durch die kürzeren Transportwege. Zugegeben, im Winter bietet die saisonale Küche vor allem Lagergemüse, etwa Kohl und Rüben. Mit etwas Kreativität können aber auch mit diesen viele tolle Gerichte entstehen.

Neben der saisonalen Verarbeitung steht „Einfach kochen" bei uns auch für Kochideen, die sich im zeitlich begrenzten Alltag schnell und einfach umsetzen lassen. Viele Rezepte sind daher schlicht, aber mit Pfiff: Auch aus Resten kann am nächsten Tag ein weiteres, spannendes Gericht gezaubert werden. Wir möchten dazu ermuntern, einfach mal neues Gemüse auszuprobieren und es gemeinsam mit den Kindern zu kochen.

Die Rezepte der AckerKüche berücksichtigen vor allem die Gemüsearten, die in der GemüseAckerdemie angebaut werden. Manches davon findet sich vielleicht nicht in jedem Supermarkt, aber alternativ zu unseren Äckern auch auf dem Wochenmarkt, beim Gemüsehändler oder im Bioladen.

Wir wünschen euch viel Spaß beim Kochen und Experimentieren. Auch wenn das eine oder andere Gericht noch nicht gleich perfekt gelingt – im Bauch ist es sowieso dunkel und erfahrungsgemäß wird ein unförmiger, jedoch selbst gemachter Strudel gerne und mit Stolz gegessen. Lasst euch also nicht abhalten, sondern kocht einfach los – am besten zusammen mit euren Kindern!

Eure AckerKöchin Wanda Born und das Team der GemüseAckerdemie

INHALT

HERBST

WINTER

ÄRMEL HOCHKREMPELN UND SCHÜRZE UMBINDEN!

BEVOR ES LOSGEHT

Wir empfehlen, das **Rezept vor dem Kochen immer einmal ganz durchzulesen**.

Es gibt verschiedene Schwierigkeitsgrade:

- **kinderleicht –** kann wirklich jeder kochen
- **leicht –** kann jeder, dauert vielleicht etwas länger
- **für kleine Kochkünstler –** ein wenig Übung ist von Vorteil

Die **Zubereitungszeiten** sind inklusive Koch-, Back- und eventuellen Ruhezeiten angegeben.

Die **Ideen zum Abendbrot** bieten einfache Rezepte für Aufstriche oder Salate für zwischendurch oder für ein gemeinsames Abendessen.

Wir empfehlen, auf **Bioqualität** zu achten. Auf diese Weise unterstützen wir einen geringeren Einsatz von Pestiziden und Hormonen, den Erhalt alter Kultursorten, und wir fördern das Tierwohl. Oft schmeckt es auch einfach besser!

Der **Pflanz- und Erntekalender** am Ende des Buches hilft zusätzlich bei der Verwendung von frischem, saisonalem Gemüse.

Tipps und Tricks fürs Kochen und Backen:

Obst und Gemüse sollte vor der Verwendung gewaschen werden.

Für Mürbe- und Hefeteige ist es wichtig, den **Ofen** vorzuheizen. Röstgemüse z. B. kann man aber auch gut langsam im Ofen erwärmen. Das spart Energie!

Ist es nötig, den Ofen vorzuheizen, geben wir es in den Rezepten an. In der Regel werden die Gerichte mit Umluft gebacken. Meist geben wir Butter zum Einfetten von Form oder Blech an. Alternativ kann aber auch Backpapier verwendet werden.

Generell kann statt Butter Margarine verwendet werden.

In manchen Rezepten schmeckt **Weißwein,** da sein charakteristischer Geschmack die Gerichte abrundet. Wenn kleine Kinder mitessen, empfehlen wir, ihn durch Wasser zu ersetzen.

Gelegentlich sind **Zutaten** nicht näher beschrieben, wie z. B. Senf. Dann eignet sich einfach der, der schon im Kühlschrank steht. Richtig schiefgehen kann nichts.

In manchen Rezepten greifen wir auf **fertig verarbeitete Zutaten** zurück, wie z. B. auf Pesto, passierte Tomaten oder Bohnen aus der Dose (bzw. aus dem Glas – das kann wiederverwendet werden!). Dies ist manchmal praktischer im Alltag. Natürlich können diese Zutaten aber auch frisch zubereitet werden.

Öle können unterschiedliche Qualitäten haben und somit auch unterschiedlich schmecken. Beispielsweise gibt es Pflanzenöle, die neutral schmecken, wie z. B. Rapsöl oder Pflanzenöl (= gemischte Öle). Olivenöle wiederum können bitter schmecken. Manchmal ist das der Grund, warum Kinder ein Gericht nicht mögen.

BASICS

Viele Gerichte haben eine einfache Grundlage: Aus einem Hefeteig z. B. können mit wenigen Kniffen eine Pizza, ein Flammkuchen oder eine Focaccia entstehen. Der Kreativität sind dabei keine Grenzen gesetzt! Einige dieser Basics tauchen immer wieder in unseren Rezepten auf. In diesem Kapitel haben wir die wichtigsten zusammengestellt.

Wir empfehlen, Teige – gerade Hefeteige – mit der Hand zu kneten, um ein Gefühl für ihre Konsistenz zu bekommen. So könnt ihr gut einschätzen, wann der Teig fertig ist.

HEFETEIG – ALL IN ONE

1–2 Bleche | ca. 1 Std. 15 Min.

350 g Mehl
½ Tasse lauwarmes Wasser
½ Päckchen Trockenhefe oder ½ Würfel Frischhefe
½ TL Salz
3 EL Olivenöl
Butter

Focaccia, zzgl.:
Rosmarin, grobes Salz
Olivenöl

Burger Buns, zzgl.:
2 Eier
1 Prise Zucker
ggf. Sesam, Schwarzkümmel

Buchteln, zzgl.:
2 Eier
1 Prise Zucker

Für Flammkuchen und Pizza, leicht abgeändert auch für Focaccia, Burger Buns und Buchteln.

Pizza / Flammkuchen: Aus allen Zutaten einen Teig kneten, bis er nicht mehr an den Händen klebt und auch nicht zu zäh ist (je nachdem Mehl oder Wasser dazugeben, mind. 3 Min. kneten). An einem warmen, nicht zugigen Ort gehen lassen. Wenn der Teig sich merklich vergrößert hat (nach ca. 30 Min.), noch einmal durchkneten, auf die gewünschte Größe und Dicke ausrollen (für Flammkuchen so dünn, dass der Teig für 2 Bleche reicht, für Pizza so dick, dass er auf 1 Blech passt) und auf ein mit Butter gefettetes Blech geben.

TIPP: Federbettdecken sind super, um den Teig darunter gehen zu lassen. Teig einfach mit einem sauberen Geschirrtuch abdecken und Decke darüber, gelingt immer!

Focaccia: Aus dem Hefeteig 2–4 runde, ca. 1,5 cm dicke Fladen formen, auf ein mit Butter gefettetes Blech geben, mit dem Daumen mehrfach eindellen, mit Rosmarin und grobem Salz bestreuen und mit Olivenöl beträufeln. Noch einmal eine ½ Std. gehen lassen. Im vorgeheizten Backofen bei 200 °C ca. 15 Min. backen.

Burger Buns: Dem Hefeteig Eier und Zucker hinzufügen und wie beschrieben gehen lassen, dann 8 Brötchen formen, mit Eigelb bestreichen und nach Wunsch klassisch mit Sesam und Schwarzkümmelsamen bestreuen. Noch einmal ca. 15 Min. gehen lassen, auf ein mit Butter gefettetes Blech setzen und im vorgeheizten Backofen bei 200 °C 12 Min. backen.

TIPP: Übrig gebliebenes Eiweiß eignet sich gut für Baiser (S. 22).

Buchteln: Den Hefeteig um 2 Eier und 1 kräftige Prise Zucker ergänzen und anstelle des Öls 3 gute EL Butter nehmen. Den Teig wie beschrieben gehen lassen. Dann 15–20 kleine Kugeln formen und in eine mit Butter gefettete Auflaufform setzen. Noch einmal 15 Min. gehen lassen und im vorgeheizten Backofen bei 180 °C Umluft 15–20 Min. backen. Ganz frisch sind die Buchteln am besten! Die angegebene Menge reicht für 1 mittelgroße Auflaufform.

TIPP: Buchteln funktionieren auch gut als Alternative zu Brötchen oder Baguette, süß (mit Kompott) oder salzig (z. B. zu Rahmgemüse). Übrigens, die süße Teigvariante eignet sich ohne Weiteres als Boden für einen Zwetschgen- oder Apfel-Blechkuchen.

PANCAKES

4 Portionen | 25 Min.

125 g Mehl
2 TL Backpulver
2 Eier
150 ml Milch
3–4 EL Zucker
1 Prise Salz
Butter

Eine Besonderheit für das Sonntagsfrühstück – klassisch mit Ahornsirup oder Honig servieren.

Mehl und Backpulver vermischen. Dann zusammen mit den Eiern, der Milch, dem Zucker und dem Salz rasch einen Teig rühren. Er darf ruhig ein wenig klumpig sein. Wenn er zu lange geschlagen wird, wird er zäh. Kleine Pancakes in einer Pfanne in Butter ausbacken.

STRUDEL

6 Portionen | 2 Std. 20 Min.

Teig:
250 g fein gemahlenes Dinkelmehl
4 EL Olivenöl
½ TL Salz
8–10 EL Wasser
Butter

Belag:
z. B. Spinat-Schafskäse mit Nussfüllung (S. 40)

Für Gemüse- und Obststrudel.

Alle Zutaten bis auf die Butter zu einem glatten Teig verarbeiten und unter einer Schale auf einem Holzbrett ruhen lassen. Nach 1 Std. Ruhe den Teig noch einmal kneten und dann – nicht zu dünn, ca. 3 mm dick – ausrollen. Auf ein bemehltes Tuch legen und auf der Oberseite mit Butter bestreichen. Den Belag darauf verteilen und längs aufrollen. Mit der Kante nach unten auf ein Blech mit Backpapier setzen, nochmals mit Butter bestreichen und 40 Min. bei 170 °C backen.

„Für Strudelteige braucht es etwas Übung. Wichtig ist die richtige Teigdicke. Ist der Teig zu dünn, reißt er und die Füllung fließt heraus, zu dick schmeckt der Strudel nicht so gut, weil der Teig die Füllung dominiert."

MÜRBETEIG

1 Springform | 45 Min.

125 g Butter
250 g Mehl
1 Ei
1 Prise Salz bzw.
1 EL Zucker

Für herzhafte Quiches und Tartes oder süße Kuchen.

Für eine Springform die zimmerwarme Butter mit dem Mehl und dem Ei vermengen. Je nachdem, ob der Teig salzig (Quiches, Tartes) oder süß (Kuchenteige) werden soll, Salz oder Zucker hinzugeben. Der Teig sollte mind. eine ½ Std. vor der Verarbeitung im Kühlschrank ruhen, damit er mürbe wird. Grundsätzlich gilt das Verhältnis 1:2 von Butter zu Mehl. Ei macht den Teig knuspriger.

TIPP: Zusätzlich 3-4 EL geriebenen Parmesan oder Grana Padano in den Gemüse-Quiche-Teig einarbeiten - lecker!

PFANNKUCHEN

4 Portionen | 25 Min.

4 Eier
250 g Mehl
300 ml Milch
1 Prise Salz
ggf. 1–2 EL Zucker
neutrales Pflanzenöl

Pfannkuchen können salzig oder süß gefüllt werden. Nach der herzhaften Variante darf der obligatorische Schokocreme-Pfannkuchen zum Abschluss aber bestimmt nicht fehlen!

Aus allen Zutaten bis auf das Öl einen Teig rühren und möglichst in einer beschichteten Pfanne portionsweise in Öl ausbacken.

Vegane Alternativen zu Milchprodukten – schmackhafte Möglichkeiten, tierische Produkte zu ersetzen, ergeben sich durch Hafer und Cashewkerne.

HAFERMILCH/ HAFERSAHNE

1 Liter | 10 Min. | kinderleicht

100 g feine Haferflocken
1 l kaltes Wasser
1 Prise Salz
neutrales Pflanzenöl
1 TL Süßungsmittel
(z. B. Honig, Rohrohrzucker)
Vanillezucker oder Kakao

Hafermilch kann anstelle von Kuhmilch verwendet werden. Sie ist in 10 Min. zubereitet und ca. 5 Tage im Kühlschrank haltbar. Sie schmeckt zu Müsli, Kaffee und eignet sich zum Backen.

Die Haferflocken in den Behälter eines Standmixers geben, ca. 200 ml des Wassers, das Salz, ca. 1 TL Öl sowie das Süßungsmittel dazugeben und kräftig auf höchster Stufe durchmixen. Langsam mehr und mehr Wasser dazugeben und weiterhin kräftig mixen. Durch ein Sieb abseihen und die herausgefilterten Reste zusammen mit einer kleinen Menge der Hafermilch erneut durchmixen. Ein letztes Mal durch das Sieb streichen und mit Vanillezucker oder Kakao „würzen". Die Hafermilch in z. B. eine Glasflasche füllen.

Für Hafersahne einfach 250 ml weniger Wasser verwenden und zusätzlich 1 EL Öl dazugeben.

TIPP: Die übrig gebliebenen Bestandteile können sehr gut in einem Müsli verwertet werden.

CASHEWCREME

500 g | 2 Std. 15 Min. | kinderleicht

100 g Cashewkerne
400 g Seidentofu
3 EL Stärke
Salz, Pfeffer

Cashewcreme kann statt Ei, saurer Sahne oder auch anderer Milchprodukte verwendet werden. Sie bindet gut, z. B. bei Quiches und Muffins.

Die Cashewkerne mindestens 2 Std. in Wasser einweichen. Dann abgießen.

Die Nüsse mit dem Tofu, der Stärke und etwas Wasser zu einer flüssigen Creme pürieren. Mit Salz und Pfeffer abschmecken.

MEIN TIPP

vegan

„Dieser Button kennzeichnet die veganen Gerichte."

Salatdressings werden am besten in alten Marmeladengläsern gemixt. So können Reste gut aufgehoben und für ein nächstes Essen weiterverwendet oder gestreckt werden. Außerdem lassen sich die Soßen kleckerfrei schütteln. Eine leckere Ergänzung sind in der Pfanne (ohne Fett) geröstete Samen von Sonnenblume, Sesam oder Kürbis. Diese einfach über den angerichteten Salat streuen, fertig!

JOGHURT-SALAT-DRESSING

3 EL Joghurt (natur)
1 TL Zucker
½ TL Salz
3 EL Apfelessig
3 EL Rapskernöl
ggf. 1 TL mittelscharfer Senf

Dieses Dressing mögen Kinder besonders, vielleicht, weil es so gehaltvoll ist ...

Alle Zutaten mixen und ggf. mit 1 TL mittelscharfem Senf abschmecken.

STANDARD-HAUS-DRESSING

1 EL Apfelchutney
1 EL Senf (z. B. Kräutersenf)
3 EL Kräuteressig
2 EL Wasser
4 EL Rapskernöl
Salz, Pfeffer

Dieses Dressing passt eigentlich zu allen Salaten.

Alle Zutaten mixen und mit Salz und Pfeffer abschmecken.

TIPP: Apfelchutney kann man leicht selbst herstellen. Ein Rezept befindet sich auf Seite 119.

VINAIGRETTE

1 kleine rote Zwiebel
½ TL Salz
4 EL weißer Balsamicoessig
4 EL mildes Olivenöl
Pfeffer

Dieses Dressing passt gut zu allen sommerlichen Blattsalaten und Tomaten.

Die Zwiebel würfeln. Alle Zutaten mixen. Mit Pfeffer abschmecken.

TIPP: Die Vinaigrette passt noch besser zu einem Tomatensalat, wenn sie mit ein paar Minzblättern ergänzt wird.

Salat -
herzen

KLASSIKER DER RESTE-KÜCHE

Die folgenden Gerichte gehen schnell, können an jeden Geschmack angepasst werden und bieten die tolle Möglichkeit, Reste vom Vortag zu verwerten. Natürlich schmecken sie auch mit frischen Zutaten. Wer jedoch die eine oder andere verschrumpelte Möhre oder Rote Bete herumliegen hat – voilà, hier gibt es viele Ideen und Anregungen, daraus ein vollwertiges Gericht zu zaubern!

QUICHE

4–6 Portionen | 1 Std. 10 Min. | leicht

Mürbeteig (S. 15)
250 g gegartes Gemüse
2 Becher saure Sahne
3 Eier
Salz, Pfeffer
ggf. weitere Gewürze
Butter
ggf. Hartkäse oder Mozzarella zum Überbacken

Eignet sich super, um gegartes Gemüse vom Vortag zu verarbeiten.

Den Teig zubereiten.

Das nicht zu feuchte Gemüse (ohne Sud) mit der sauren Sahne und den Eiern verrühren, kräftig mit Salz und Pfeffer und nach Belieben mit weiteren Gewürzen abschmecken.

Eine Springform mit Butter fetten, mit dem Teig auslegen und die Füllung hineingeben. Gegebenenfalls Hartkäseraspel oder Mozzarellascheiben darübergeben. Etwa 45 Min. bei 170 °C backen.

TIPP: Anstelle der sauren Sahne eignen sich auch Quark, Crème fraîche oder Schlagsahne (mit Quark wirds saurer, mit Crème fraîche bzw. Schlagsahne wegen des Fettgehalts etwas runder).

MUFFINS

12 Muffins | 35 Min. | kinderleicht

1 Ei
⅓ Tasse neutrales Pflanzenöl
⅓ Tasse Zucker
2 Tassen Mehl
1 Tasse Füllung (z. B. Apfel- oder Schokoladenstückchen)
1 TL Backpulver
1 Tasse Buttermilch

Süß oder salzig.

Ei, Öl und Zucker schaumig schlagen und mit den restlichen Zutaten vermischen. Den Teig in Förmchen füllen und im vorgeheizten Backofen 20–25 Min. bei 180 °C backen.

TIPP: Muffins schmecken auch salzig. Dafür einfach eine gute Prise Salz hinzugeben und für die Füllung z. B. Gemüsemais oder würzigen Hartkäse verwenden.

BAISER

1 Blech | 2 Std. 15 Min. | für kleine Kochkünstler

4 Eiweiß
Schale einer 1/2 Bio-Zitrone
150 g Puderzucker
2 EL Stärke

Beim Plätzchen-, Strudel- oder Burger-Buns-Backen bleibt oft Eiweiß übrig. Bei mind. 4 Eiweiß lohnt sich der Aufwand, daraus Baiser zu machen. Baiser schmeckt z. B. zu Eis oder auf Wackelpudding.

Eiweiß steif schlagen (dauert etwas). Darauf achten, dass kein Eigelb hineingerät und das Rührgerät fettfrei ist. Die abgeriebene Zitronenschale und den Puderzucker hineinrieseln lassen. Am Ende die Stärke unterheben. Auf ein mit Backpapier ausgelegtes Blech mit zwei Esslöffeln kleine Baiserwolken setzen. Im Backofen 2 Std. bei 110 °C trocknen lassen. Einen Kochlöffel in die Ofentür klemmen, damit die Feuchtigkeit entweichen kann. Luftdicht aufbewahren!

FRITTATA

3 Portionen | 25 Min. | leicht

1 rote Zwiebel
1 Knoblauchzehe
Olivenöl
3 Tomaten
Pasta-mit-Soße-Reste (ca. 2 Portionen)
Salz, Pfeffer
2 Eier
einige Basilikumblätter
2 EL geriebener Parmesan

Ein Klassiker für Pasta-mit-Soße-Resten.

Die klein geschnittene Zwiebel und den Knoblauch in Öl in einer ofenfesten Pfanne andünsten. Die in kleine Würfel geschnittenen Tomaten dazugeben und etwas einkochen. Nun die Pasta-Soßen-Reste hinzugeben und mit Salz und Pfeffer abschmecken.

Die Eier verquirlen, die kleingehackten Basilikumblätter dazugeben und mit dem Parmesan vermengen. Über die Pasta-Soßen-Reste geben und 10–15 Min. bei 140 °C im Backofen stocken lassen. Vorsichtig auf einen Teller stürzen und sofort servieren.

MEIN TIPP

„Frische Blattsalate passen sehr gut zu einer Frittata!"

GEMÜSECREMESUPPE

4 Portionen | 15 Min. | kinderleicht

6 mehligkochende Kartoffeln
200–400 g gegartes Gemüse, z. B. Blumenkohl, Rosenkohl, Kohlrabi, Brokkoli, Paprika
½ l Gemüsebrühe
½ Becher Schlagsahne
Salz, Pfeffer

Sind noch ein paar mehligkochende Kartoffeln und anderes Gemüse vom Vortag übrig? Diese Suppe ist daraus schnell gezaubert, und die allermeisten Kinder mögen sie! Natürlich eignet sich auch frisches Gemüse.

Das Gemüse klein schneiden und mit der Gemüsebrühe aufkochen, ca. 10 Min. köcheln lassen. Pürieren, die Sahne und ggf. etwas Wasser dazugeben. Mit Salz und Pfeffer abschmecken. Fertig!

RÖSTGEMÜSE

4 Portionen | 40 Min. | kinderleicht

3–4 Kartoffeln
Olivenöl
Salz, Pfeffer
ggf. Fenchelsamen, Curry

Im Frühjahr zzgl.:
2 Paprika, 1 Fenchel, 5 Möhren

Im Herbst zzgl.:
2 Rote Beten, 3 Möhren, 2 Pastinaken

Im Winter zzgl.:
½–1 Hokkaido

Im Winter und Frühling kann angeschrumpeltes Wurzelgemüse verwertet werden. Dazu den Joghurt-Dip (S. 24) – schmeckt besser als Pommes!

Das Gemüse putzen und in ca. 1 cm dicke Scheiben bzw. 2 cm dicke Stifte schneiden. Bis auf ggf. den Hokkaido auf das Blech geben, mit reichlich Olivenöl begießen und darin wenden.

Im Backofen 30 Min. bei 180 °C backen. Gegebenenfalls den Hokkaido erst nach 10 Min. Backzeit hinzufügen, da er sonst zu weich wird. Kurz vor dem Servieren mit Salz und Gewürzen bestreuen.

SCHNELLER JOGHURT-DIP

1 Portion | 7 Min. | kinderleicht

250 g Joghurt (natur)	½ TL Salz
etwas Milch	ggf. Kräuter oder Gewürze
Saft einer 1/2 Zitrone	1 EL Rapskernöl
1 TL Zucker	

Besonders gut passt der Joghurt-Dip zu Bratlingen, Röstgemüse oder zu Quiche.

Alle Zutaten vermischen und nach Belieben mit Kräutern und Gewürzen abschmecken bzw. mit Milch etwas flüssiger machen.

MEIN TIPP

„Im Sommer gibt etwas Minze aus dem Garten dem Ganzen eine frische Note. Im Winter, z. B. zu Kürbis-Schranke (S. 83) oder Röstgemüse (S. 23), passen Kreuzkümmel, Koriander und Curry dazu (je eine Prise)."

BRATLINGE

4 Portionen | 30 Min. | leicht

1–2 Eier
Salz, Pfeffer
Pflanzenöl

ggf. 1 große Kartoffel bzw.
1–2 EL Semmelbrösel
ggf. Gartenkräuter

Risotto-Bratlinge, zzgl.:
250 g Risotto-Reste
8 EL Sesam

Gemüse-Bratlinge, zzgl.:
250 g gegartes Gemüse

Bohnen- oder Linsen-Bratlinge, zzgl.:
250 g Bohnen (Dose)
bzw. rote Linsen

Risotto-Reste oder bereits gegartes Gemüse können in Bratlingen zu einem „kinderfreundlichen" Gericht weiterverarbeitet werden. Mit Salzkartoffeln, Reis, einem Salat, aufs Brot oder im Burger sind sie sehr beliebt. Ein weiterer Vorteil: auch oft weniger beliebtes Gemüse kann darin gut „versteckt" werden (z. B. Zucchini oder Bohnen aus dem Glas).

RISOTTO-BRATLINGE

Aus den Risotto-Resten und den Eiern eine bindige Masse herstellen und mit Salz und Pfeffer abschmecken. Daraus golfballgroße Kugeln formen, diese platt drücken und in Sesam wälzen. In Öl ausbacken.

GEMÜSE-BRATLINGE

Der Bratling kann mit allerlei Gemüse variiert werden: gegartes Gemüse vom Vortag mit den Eiern vermengen und mit Salz und Pfeffer abschmecken. Um die Festigkeit des Teiges zu erhöhen, kann eine große Kartoffel fein gerieben bzw. 1–2 EL Semmelbrösel hinzugegeben werden. Frische Gartenkräuter im Teig schmecken besonders gut. Bratlinge formen und in Öl ausbacken.

BOHNEN- ODER LINSEN-BRATLINGE

Wenn weder Risotto-Reste noch Gemüse im Haus ist, können Bohnen (Kidney, schwarze Augenbohnen) oder rote Linsen für Bratlinge verwendet werden. Die Bohnen kochen bzw. die roten Linsen nach Packungsanleitung sehr gar kochen, bis sie zerfallen (alles Wasser sollte aufgesogen sein). Bohnen oder Linsen mit den Eiern vermengen, mit Salz und Pfeffer abschmecken und in Öl ausbacken.

FRÜHLING

Wenn im März das Gras zu wachsen beginnt und das erste Grün an den Bäumen zu sehen ist, erwacht die Natur langsam aus dem Winterschlaf – die AckerSaison geht wieder los! AckerKinder und Hobbygärtner säen nun Spinat und Radieschen und pflanzen erste Salate.
Zu Beginn des Frühlings sinken die Temperaturen manchmal noch unter null Grad, daher können wir noch nicht allzu viel frisches Gemüse vom Acker erwarten. So leben viele Gerichte noch von gut lagerfähigen Gemüsen aus dem Vorjahr, wie z. B. Möhren und Kohlsorten.
Ab April aber können wir den ersten Spinat und bald auch erste Radieschen, Kohlrabi und Salate ernten. Im Mai beginnt dann das Highlight dieser Saison: die Spargelzeit.
Kresse liefert im Frühling viele Vitamine und eignet sich hervorragend entweder zum Verfeinern eines Butterbrots, Frühstückseis (mit etwas Salz) oder als i-Tüpfelchen einer Frischkäse-Schafskäse-Creme mit Frühlingskräutern und Walnüssen (S. 44). Kresse „anbauen" ist ganz leicht: z. B. in die untere Hälfte einer Frühstückseischale etwas pitschnasse Watte legen und die Kressesamen darauf streuen. Dann einfach dafür sorgen, dass die Watte nicht austrocknet. Nach rund zwei Wochen ist die Kresse bereits erntereif.

GEMÜSE-STECKBRIEFE FRÜHLING

SPINAT

Der Frühlingsspinat ist meist zarter, der spät ausgesäte Spinat eher kräftiger und langstieliger.

Verarbeitung: Junge Spinatblätter können roh (z. B. als Salat) oder gekocht gegessen werden. Ältere Blätter sollten immer gekocht werden. Der leicht metallische Geschmack kann mit Milch, Sahne oder Käse neutralisiert werden.

Inhaltsstoffe: Die im Spinat enthaltenen Betacarotine, umgewandelt in Vitamin A, und das Lutein beugen Nachtblindheit und altersbedingten Augenkrankheiten vor.

Tipps zur Lagerung: Spinat kann kühl einige Tage gelagert werden. Frisch zubereitet schmeckt er natürlich am besten.

Erntesaison: Oktober bis Juni

- Spinat enthält viel Eisen, aber nicht so viel wie einst gedacht. Der Mythos entstand vermutlich durch einen Druckfehler: Dort wurde der Eisengehalt von getrocknetem und so konzentriertem Spinat auf frischen bezogen.
- Spinat wird wegen seiner intensiven Farbe zum Färben von Lebensmitteln verwendet (z. B. für grüne Nudeln).

RADIESCHEN

Radieschen verbreiteten sich im 16. Jahrhundert zunächst in der französischen Küche. Dann erst eroberten sie das restliche Europa.

Verarbeitung: Radieschen schmecken frisch am besten. Etwas Salz mindert den scharfen Geschmack. Auch die Blätter schmecken: roh als Salat oder gekocht wie Spinat.

Inhaltsstoffe: Die Knollen bestehen zu 94 % aus Wasser und haben nur 14 Kalorien pro 100 g. Die enthaltenen Senföle helfen bei der Abwehr von Viren, Bakterien oder Pilzen und regen die Verdauung an.

Tipps zur Lagerung: Ohne Blätter und in etwas Wasser gelegt oder in ein feuchtes Tuch gewickelt halten sich Radieschen gekühlt bis zu sieben Tage.

Erntesaison: Mai bis Oktober

- 85 % der deutschen Radieschenernte wird um Schifferstadt im Rhein-Pfalz-Kreis geerntet.
- Es gibt weiße Radieschen, die an Eiszapfen erinnern und als Sorte auch so heißen.

Radieschen

Kresse

KRESSE

Kresse kann bereits 2 Wochen nach der Aussaat gegessen werden.

Verarbeitung: Die Keimlinge werden roh zum Würzen genutzt, z. B. in Eierspeisen oder auf Frischkäse. Gekocht verlieren sie ihren Geschmack. Aus den Samen kann Senf bereitet werden.

Inhaltsstoffe: Die Senföle der Kresse unterstützen die körpereigene Abwehr und Verdauung. Sie machen die leichte Schärfe der Kresse aus.

Tipps zur Lagerung: Kresse lässt sich schlecht konservieren und verliert tiefgekühlt an Geschmack.

Erntesaison: das ganze Jahr (auf der Fensterbank mit viel Licht)

- Andere Kulturkreise nutzen Kresse auch als Öl- und Heilpflanze.
- Es gibt Kressesorten, die 20–60 cm hoch werden.
- Aus dem Stroh der Kresse werden Handfeger gebunden.

KOHLRABI

Kohlrabi ist eine Zuchtform des Gemüsekohls.

Verarbeitung: Die Blätter lassen sich als Kochgemüse, Suppenwürz oder Salatgericht zubereiten. Die Knollen eignen sich gut für Suppen und Aufläufe, aber auch als Rohkost sind sie lecker. Selten werden sie wie Sauerkraut gehobelt und anschließend milchsauer vergoren.

Inhaltsstoffe: Kohlrabi, insbesondere Kohlrabiblätter, enthalten Vitamin C, Calcium, Eisen und Carotin.

Tipps zur Lagerung: Frischer Kohlrabi kann ohne Blätter gekühlt (1–4 °C) ca. 3 Monate gelagert werden. Späte Sorten lassen sich noch länger lagern. Fertig zubereiteter, eingefrorener Kohlrabi sollte innerhalb eines Jahres verbraucht werden.

Erntesaison: Juni bis Oktober

- Kohlrabi ist verwandt mit Kohlsorten wie Palmkohl, Wirsing oder Brokkoli.
- Kohlrabi besteht zu 90 % aus Wasser.
- Was wir bei Kohlrabi meist essen, ist der verdickte Stiel (botanisch „Spross").
- Bei der Sorte „Superschmelz" kann eine Knolle bis zu 10 kg schwer werden.

KNOBLAUCH

Bevor Pasta und Pizza Einzug hielten, war Knoblauch in Deutschland kaum bekannt.

Verarbeitung: Der Knoblauch kann sowohl gebraten, gekocht als auch roh gegessen werden. Er dient als Gewürz und als Gemüse. Gekocht oder gebraten ist sein intensiver Geschmack milder.

Inhaltsstoffe: Knoblauch enthält Selen, das antibakteriell wirkt und der Bildung von Blutgerinnseln (Thromben) vorbeugt.

Tipps zur Lagerung: Trocken und fern von Obst gelagert kann Knoblauch lange verwendet werden. Auch eingelegt oder pulverisiert hält er sich.

Erntesaison: Juni bis September

- Milch, Petersilie und Ingwer helfen nach dem Essen gegen den Knoblauchgeruch.
- Knoblauch kommt vom althochdeutschen „klioban" = Spalten.
- Der Wildtyp des Knoblauchs gilt als ausgestorben.
- Neben Erdbeeren, Gurken, Himbeeren, Möhren, Rote Bete und Tomaten gepflanzt verscheucht er Schädlinge. Erbsen, Kohl und Gartenbohnen mögen ihn hingegen nicht als Nachbarn.

Knoblauch

Kohlrabi

Spinat

Knoblauch

Kohlrabi

LINSEN-MÖHREN-SALAT

4 Portionen | 45 Min. | kinderleicht

- 1 Tasse Tellerlinsen
- ½ Zwiebel
- 2 Möhren
- 2 EL Senf
- 6 EL Pflanzenöl
- 3 EL Wasser
- 6 EL Kräuter- oder Gewürzessig
- Salz, Pfeffer
- ½ TL Zucker
- ggf. frische Kräuter

Dieser Salat ist im Handumdrehen fertig und bei Kindern beliebt. Vielleicht, weil er so saftig ist!

Die Linsen nach Packungsanleitung ohne Salz garen. Zwiebel klein schneiden und Möhren raspeln. Aus Senf, Öl, Wasser, Essig, Gewürzen, Zucker und ggf. Kräutern ein Dressing machen. Es darf reichlich sein, da der Salat davon lebt, dass er schön saftig ist.

Alles vermengen. Fertig!

TIPP: Der Linsen-Möhren-Salat schmeckt auch lauwarm und mit Feta sehr lecker.

KOHLRABISCHNITZEL MIT ROSMARINPOLENTA

4 Portionen | 30 Min. | leicht

Schnitzel:
- 2 große Kohlrabi
- 2 Eier
- Paniermehl
- Salz
- Olivenöl

Polenta:
- 1 kleine Zwiebel
- Olivenöl
- 110 g Polenta
- 1 frischer Zweig Rosmarin
- 400 ml Gemüsebrühe
- 100 ml Schlagsahne
- 40 g geriebener Parmesan
- Salz, Pfeffer

Hierzu passt gut der warme Rote-Bete-Salat (S. 39).

Die Kohlrabi schälen und in 1 cm dicke Scheiben schneiden. Circa 5–8 Min. in Salzwasser blanchieren und abkühlen lassen.

Die gewürfelte Zwiebel in Öl glasig dünsten. Die Polenta mit den Rosmarinblättchen dazugeben. Dann mit der Gemüsebrühe und der Sahne ablöschen und eindicken lassen. Den Parmesan unterheben und mit Salz und Pfeffer abschmecken.

Die abgekühlten Kohlrabischeiben erst in den verquirlten Eiern und dann in Paniermehl (mit 1 Prise Salz) wenden. In einer großzügig geölten, heißen Pfanne von beiden Seiten knusprig braten. Zusammen mit der Rosmarinpolenta servieren.

FENCHEL-CAMEMBERT-TASCHEN

1 Blech | 45 Min. | für kleine Kochkünstler

Teig:
300 g Dinkelmehl 1050
150 ml Wasser, kalt
½ TL Salz
2 EL Olivenöl
Butter

Füllung:
1 kleiner Fenchel
Olivenöl
1 EL Tomatenmark
1 Knoblauchzehe
1 kleine Zwiebel
200 g Spinat
50 g Joghurt (natur)
Pfeffer, Salz
½ Camembert

Eine ungewöhnliche, aber leckere Kombination.

Aus Mehl, Wasser, Salz und dem Öl einen festen Teig kneten. In ca. 20 kleine Teigkugeln teilen.

Für die Füllung den fein gewürfelten Fenchel, Knoblauch und die Zwiebel in Öl anbraten. Das Tomatenmark hinzufügen und das Fenchelgemüse kurz weiterbraten. Spinat und Joghurt dazugeben und mit Salz und Pfeffer würzen.

Die Teigkugeln zu handtellergroßen Kreisen ausrollen. Je 1 EL Füllung in eine Kreishälfte geben und mit einer dünnen Camembertscheibe belegen. Einklappen, die Ränder mit einer Gabel versiegeln, die Teigtaschen auf ein mit Butter gefettetes Blech geben und in die Oberseite kleine Löcher stechen. Mit Öl bepinseln und ca. 20 Min. bei 180 °C goldbraun backen.

RETTICH-CARPACCIO

2 Portionen (Vorspeise) | 15 Min. | kinderleicht

1 kleiner Rettich
Essig
1 kleine rote Zwiebel
1 Knoblauchzehe
2 EL grünes Pesto
Olivenöl
Salz, Pfeffer
1 EL Kürbiskerne

Eignet sich als Vorspeise, zu Brot und zu Käse …

Den Rettich in sehr feine, dünne Scheiben schneiden oder hobeln und mit ein paar Tropfen Essig beträufeln. Zwiebel und Knoblauch sehr klein schneiden. In einem kleinen Gefäß Pesto, 1 Schuss Essig, 1 Schuss Öl, Salz und Pfeffer mischen und die Zwiebel und den Knoblauch unterheben.

Den Rettich flach auf einem Teller auslegen und mit dem Pestodressing beträufeln. Kürbiskerne ohne Fettzugabe in einer beschichteten Pfanne rösten und über das Carpaccio streuen.

KOHLPFANNKUCHEN
MIT SALAT-TOPPING NACH JAPANISCHER ART

1–2 Portionen | 30 Min. | leicht

Teig:
100 g Weizenmehl
100 ml Wasser
1 Ei
2 EL Sojasoße
150 g Weißkohl
1 Frühlingszwiebel
Pflanzenöl

Belag:
50 g Räuchertofu
Pflanzenöl
1 EL BBQ-Soße
1 EL Mayonnaise
1 Handvoll Rucola
1 kleine Möhre
2–3 kleine Champignons
1 Handvoll glatte Petersilie (oder Koriander)
1 EL Sonnenblumenkerne

Ungewöhnlich, aber lecker! Der japanische Name des Gerichtes „Okonomiyaki“ bedeutet „was man mag“ (= Okonomi) und „gebraten“ (= yaki). Dieser herzhafte Pfannkuchen kann also nach Belieben belegt werden! Eine japanische Version der Pizza.

Den in Scheiben geschnittenen Tofu in Öl kross anbraten und beiseitestellen.

In einer Schüssel Mehl, Wasser, Ei und Sojasoße zu einem Teig verrühren. Kohl in feine Streifen und Frühlingszwiebel in Ringe schneiden. Anschließend beides unter die Teigmasse heben. Aus dem Teig zwei goldbraune Pfannkuchen in der Pfanne in Öl ausbacken.

Anschließend etwas BBQ-Soße und Mayonnaise auf die Pfannkuchen geben und den Rucola, die geraspelte Möhre, die geviertelten Champignons, den angebratenen Tofu und die gehackte Petersilie bzw. den Koriander darauf verteilen.

Mit Sonnenblumenkernen bestreuen.

MEIN TIPP

„Der Kohlpfannkuchen kann auch als Wrap gerollt werden.“

vegan

KOHLRABISUPPE
MIT INGWER-CROÛTONS

4 Portionen | 25 Min. | kinderleicht

Suppe:
500 ml Hafersahne (S. 17)
2 Kohlrabi + die Blätter
1 mehligkochende Kartoffel
1 Stange Lauch
1 Sellerie
1 Knoblauchzehe
1 Zwiebel
Rapsöl
300–400 ml Gemüsebrühe
Salz, Pfeffer

Croûtons:
2 Scheiben Brot vom Vortag
1 cm Ingwer
Rapsöl
Salz, Pfeffer

Eine leckere Suppe, bei der fast der ganze Kohlrabi verarbeitet wird.

Die Hafersahne zubereiten.

Das Gemüse klein schneiden. Den Knoblauch und die Zwiebel in Öl in einem Topf anbraten. Anschließend das restliche Gemüse (bis auf die Kohlrabiblätter) kurz mitdünsten. Mit der Gemüsebrühe ablöschen und ca. 10 Min. köcheln lassen. Dann die Kohlrabiblätter ohne die ggf. holzigen Stiele mit hinzugeben und weitere 5 Min. garen.

In der Zwischenzeit das Brot in 1 cm große Würfel schneiden, zusammen mit dem geriebenen Ingwer in Öl knusprig braten und mit Pfeffer und Salz würzen.

Nun die Hafersahne zu dem Gemüse geben, alles fein pürieren und mit Pfeffer und Salz abschmecken. Mit den Croûtons servieren.

MEIN TIPP

„In diesem Rezept werden die Blätter des Kohlrabis mit verarbeitet. In ihnen, vor allem in den jungen Blättern, ist besonders viel Vitamin C gespeichert."

KARTOFFELSALAT
MIT RADIESCHEN

4 Portionen | 40 Min. | leicht

- 750 g festkochende Kartoffeln
- 1 Zwiebel
- ½ l Gemüsebrühe
- ½ Tasse Kräuteressig
- ½ Tasse Sonnenblumenöl
- Salz, Pfeffer
- ggf. Senf, 1 Prise Zucker
- 3–10 Radieschen
- ggf. Schnittlauch

Dieser Kartoffelsalat passt zu Vielem: zum Abendbrot, zu Gegrilltem, zu Würstchen aus der Pfanne oder zu Schnitzel.

Kartoffeln 20 Min. in Salzwasser garen und beiseitestellen. Sie sollten nicht zu weich gekocht werden, damit sie nicht zerfallen.

Die Zwiebel würfeln, mit der heißen Gemüsebrühe übergießen und mit Kräuteressig, Öl, Salz, Pfeffer und evtl. Senf und Zucker abschmecken. Die Soße kann ruhig kräftig sein, sie zieht in die Kartoffeln ein und verliert noch einiges an Intensität.

Die Radieschen in Scheiben hobeln. Radieschen können scharf sein. Wer das nicht mag, nimmt lieber wenige davon.

Die Kartoffeln möglichst dann schälen, wenn sie noch heiß sind, und in dünne Scheiben schneiden. Den heißen Brühe-Mix und die Radieschen unterheben und ziehen lassen. Soße und Kartoffeln müssen noch warm sein, damit die Soße richtig einzieht. Dann den Kartoffelsalat ggf. noch einmal abschmecken und nach Belieben mit frischem Schnittlauch bestreuen.

TIPP: Es bietet sich an, gleich die doppelte Menge an Kartoffeln zu kochen, um am nächsten Tag Bratkartoffeln zu machen. Diese können mit Radieschen, Kresse oder Mais aufgepeppt werden.

GRÜNE CARBONARA

4 Portionen | 20 Min. | leicht

Olivenöl
½ Paket Räuchertofu
1 Zwiebel
150 g grünes Blattgemüse (z. B. Spinat, Romanasalat, Löwenzahn, junge Blätter von Radieschen, Kohlrabi, Brokkoli)
100 ml Milch
1 Becher Schlagsahne
Blätter von 5–7 Stielen Basilikum
50 g geriebener Parmesan
Salz, Pfeffer
400 g Linguine

Ein tolles Rezept, um sämtliches Blattwerk von z. B. Kohlrabi, Radieschen und Spinat zu verwenden.

Öl in einer Pfanne erhitzen, darin den gewürfelten Räuchertofu und die gewürfelte Zwiebel braun anbraten. Währenddessen das grüne Blattgemüse zusammen mit der Milch, der Sahne, dem Basilikum und dem Parmesan sehr fein pürieren und mit Salz und Pfeffer abschmecken.

Die Nudeln in Salzwasser kochen und abgießen.

Zu den noch abtropfnassen Nudeln die grüne Soße sowie die Zwiebeln mit dem Räuchertofu zugeben und unterheben. Abschmecken und fertig!

PENNE MIT ROHEN MÖHREN

4 Portionen | 25 Min. | kinderleicht

400 g Penne
2 Möhren
1 Handvoll frischer Kräuter (z. B. ½ Bund Schnittlauch, 2 Zweige Zitronenthymian, Oregano)
½ Packung Feta (Schafskäse)
2 EL Olivenöl
2 EL geriebener Parmesan
1 Spritzer Zitronensaft
Salz, Pfeffer

Das Besondere an dem Gericht sind die rohen Möhren. Dadurch kommt das Süßliche der Möhren gut zur Geltung.

Die Penne in Salzwasser kochen.

Währenddessen die Möhren grob raspeln, die frischen Kräuter hacken und den Feta zerbröseln. Alles über die gekochten, abgegossenen Penne geben, mit Öl, Parmesan und Zitronensaft vermengen. Mit Pfeffer würzen. Fertig!

TIPP: Zusammen mit der Vinaigrette (S. 18) wird die Penne zu einem lauwarmen Nudelsalat!

PELLKARTOFFELN MIT GEBACKENEN RADIESCHEN & KRÄUTERQUARK

4 Portionen | 35 Min. | kinderleicht

Gemüse:
½ kg vorwiegend festkochende Kartoffeln
2 Bund Radieschen
1 große Zwiebel
2 EL Olivenöl
1 Spritzer Zitronensaft
Salz

Kräuterquark:
1 kleine Zwiebel
1 Möhre
1 Knoblauchzehe
250 g Magerquark
1 EL weißer Balsamicoessig
1 EL Sonnenblumenöl
Schnittlauch, Basilikumblätter, Oregano
Salz, Pfeffer

Ein leichtes Frühlingsgericht mit Radieschen.

Die Kartoffeln in Salzwasser 20 Min. garen.

Die Radieschen (ganz) und die in Scheiben geschnittene Zwiebel in eine Auflaufform geben. Das Öl mit dem Zitronensaft mischen und in die Form geben. Mit Salz würzen und ca. 15 Min. bei 200 °C backen.

Für den Kräuterquark Zwiebel, Möhre und Knoblauch feinhacken und mit den restlichen Zutaten vermengen. Mit Salz und Pfeffer würzen.

In eine halbierte Kartoffel einen Klecks Quark geben, die Radieschen darauf legen und servieren.

WARMER ROTE-BETE-SALAT

4 Portionen | 1 Std. 10 Min. | kinderleicht

4–6 Rote Beten
½ Zwiebel
Rapskernöl
5 EL Weinessig
1 TL Zucker
Salz, Pfeffer
ggf. 1 EL Senf
frischer Estragon und Schnittlauch

Da dieses Rezept zeitlich aufwendiger ist, lieber gleich eine größere Menge kochen.

Die Roten Beten mit Schale (sonst verlieren sie viel Saft) 45 Min. kochen, abkühlen lassen, schälen und in Scheiben schneiden. Bei Verwendung von bereits gekochter oder eingeweckter Roter Bete diese einfach in Scheiben schneiden. Die Zwiebel in Öl andünsten, mit dem Essig ablöschen und die Rote-Bete-Scheiben dazugeben. Mit Zucker, Salz, Pfeffer und ggf. Senf abschmecken.

Mit ca. 6 EL Öl sowie den klein gehackten Estragonblättern und Schnittlauch vermengen.

SPINAT-SCHAFSKÄSE-STRUDEL MIT NUSSFÜLLUNG

6 Portionen | 1 Std. 15 Min. | für kleine Kochkünstler

1 Packung Blätterteig oder selbst zubereiteter Strudelteig (S. 14)

Füllung:
100 g gemahlene Haselnüsse (oder je zur Hälfte Nüsse und Mandeln)
2 EL getrocknete Tomaten, in Öl eingelegt
Salz, Pfeffer
Blätter von 3 Stielen Basilikum
3 EL geriebener Parmesan
500 g frischer Spinat
Olivenöl
1 Packung Feta (Schafskäse)
1 TL Schwarzkümmel

Das Einrollen des Strudels braucht etwas Übung – Probieren lohnt sich aber!

Die einzelnen Blätterteigplatten so verkleben, dass eine große Platte entsteht. Dafür etwas Wasser auf die Ränder geben, überlappend auslegen und andrücken. Alternativ den Strudelteig zubereiten. Den Blätter- bzw. Strudelteig auf 3 mm ausrollen und am besten auf ein bemehltes Geschirrtuch legen, damit er sich gut einrollen lässt.

Aus den gemahlenen Nüssen, den klein geschnittenen getrockneten Tomaten, Salz, Pfeffer, Basilikum und Parmesan eine Paste herstellen und diese auf dem Teig verstreichen (evtl. etwas Wasser dazugeben, falls die Paste zu trocken ist). Den Spinat kurz in der Pfanne in Öl andünsten, bis er zusammengefallen ist. Zusammen mit dem klein gebröselten Feta auf dem Teig verteilen.

Alles einrollen, mit der Kante nach unten auf ein Blech mit Backpapier legen, mit Schwarzkümmel bestreuen und 40 Min. bei 170 °C backen.

MÖHREN-FENCHEL-GEMÜSE
MIT INGWER & CURRY

2 Portionen | 20 Min. | kinderleicht

- 1 Zwiebel
- 3 Möhren
- 1 Fenchel
- 1 cm Ingwer
- Pflanzenöl
- 1 TL mildes Curry
- 1 EL Honig
- Salz, Pfeffer
- ggf. ½ Tasse Gemüsebrühe

Ingwer und Fenchel – eher ungewöhnlich, passt hier aber nicht nur gut zusammen, sondern ist auch lecker auf Pfannkuchen (S. 15).

Die Zwiebel würfeln, die Möhren und den Fenchel in Spalten schneiden und den Ingwer reiben.

Die Zwiebel in Öl anbraten und die Möhren, den Fenchel sowie den Ingwer dazugeben. Alles 5 Min. weiterbraten. Mit etwas Curry bestreuen und den Honig darübergeben, bis er zu karamellisieren beginnt. Mit Salz und Pfeffer abschmecken.

Für etwas mehr Soße alles mit einer ½ Tasse Gemüsebrühe aufgießen und etwas köcheln lassen.

SÜß ODER HERZHAFT? GEHT ALLES!

GEMÜSIGER PFANNKUCHEN

4 Portionen | 20 Min. | leicht

Pfannkuchenteig (S. 15)

Sommerfüllung:
10 größere oder 15 kleinere Tomaten
Olivenöl
⅓ Packung Feta (Schafskäse)
Blätter von 2 Stielen Basilikum
8 Oliven

Winterfüllung:
1 Zwiebel
Olivenöl
2 Stangen Lauch
1 Apfel (nicht zu sauer)
2 EL Ziegenfrischkäse
½ Handvoll Walnüsse
Thymian, Salz, Pfeffer

Weitere Füllungen:
- Warmer Rote-Bete-Salat (S. 39)
- Kräuterquark mit Estragon (S. 70)

Pfannkuchen werden von der ganzen Familie gemocht. Sie können süß oder herzhaft gefüllt oder sogar überbacken werden!

Den Pfannkuchenteig zubereiten.

Frühlingsfüllung mit Möhren-Fenchel-Gemüse (S. 41)

Sommerfüllung mit Tomaten, Schafskäse und Basilikum

Die Tomaten geviertelt in etwas Öl anbraten, sodass der Saft schon ein wenig, aber nicht vollständig eingekocht ist. Pfannkuchen in einer Pfanne mit Öl ausbacken. Herdplatte ausstellen und noch in der Pfanne die Tomaten auf den Pfannkuchen geben, den Feta darauf bröseln und das Basilikum und die halbierten Oliven dazugeben. Umklappen und 3 Min. in der Pfanne lassen (damit alles warm wird). Sofort servieren!

Herbstfüllung mit Palmkohlgemüse, Birne und Camembert (S. 83)

Winterfüllung mit Apfel, Lauch, Ziegenfrischkäse und Walnüssen

Die Zwiebel in Spalten schneiden und diese in Öl so lange andünsten, bis sie braun zu werden beginnen. Den Lauch in Ringe und den Apfel in Scheiben schneiden, dazugeben und 5 Min. köcheln lassen. Mit dem Ziegenfrischkäse, den grob gehackten Walnüssen und den Gewürzen abschmecken. Die Füllung auf den Pfannkuchen geben, umklappen, fertig.

Natürlich schmecken die Pfannkuchen auch klassisch mit Zimt und Zucker oder Apfelmus.

MEIN TIPP

„Bei den Gemüsefüllungen sind der Kreativität keine Grenzen gesetzt!"

IDEEN ZUM ABENDBROT

ca. 500 ml | 15 Min. |
kinderleicht

1 Packung Feta (Schafskäse)
1 Packung Frischkäse (natur)
4 EL Kräuter
(frischer Schnittlauch, Petersilie oder Kerbel, ggf. TK-Kräuter)
½ Beet Kresse
1 Handvoll Walnüsse
ggf. 1 Knoblauchzehe
ggf. Salz
3 EL Rapskernöl

Eine Frischkäsecreme mit Kresse macht sich gut auf jedem Butterbrot! Dazu noch etwas Rohkost – und der Frühling ist da!

Frischkäse-Schafskäse-Creme mit Frühlingskräutern, Kresse und Walnüssen

Den Feta zerbröseln und mit dem Frischkäse vermengen. Die Kräuter, Kresse, zerkleinerten Walnüsse und ggf. den zerdrückten Knoblauch unterheben. Erst probieren, ggf. nachsalzen – meistens reicht es bereits so. Mit dem Öl aufgießen und zweimal kurz umrühren. Es dürfen ruhig noch Ölpfützen auf der Creme stehen. Reste ggf. in kleine Gläser füllen. Hält sich ca. 1 Woche im Kühlschrank.

Dazu bieten sich als **Rohkost** an: **Radieschen, Kohlrabi, Möhren** und **Äpfel**. Einfach in Spalten oder Stifte schneiden und in die Frischkäse-Schafskäse-Creme dippen.

„Zusätzlich machen sich eine wärmende Gemüsecremesuppe (S. 23) und der Linsen-Möhren-Salat (S. 32) toll als Ergänzung zu Brot und Käse."

SOMMER

Die Sommermonate versprechen frische, opulente Gerichte: Durch die Wärme und das Licht der längsten Tage des Jahres entwickeln jetzt Salate, Tomaten, Bohnen sowie erste Kartoffeln ihr volles Aroma. Kohlrabi, Gurken und Tomaten können direkt auf dem Acker gegessen werden. Probiert doch einmal die vielfältigen Aromen des frischen Gemüses! Unverarbeitet bekommt ihr den besten Eindruck, wie unterschiedlich z. B. gelbe und rote, Flaschen-, Party- oder Fleischtomaten schmecken.
Anderes Gemüse wie Busch- und Stangenbohnen müssen zuerst gekocht werden. Aber auch warm schmeckt das Gemüse oft einfach „pur" bzw. nur mit ein wenig Butter. Gerade frische Bohnen mit Bohnenkraut, etwas Salz und Butter gekocht sind eine wahre Gaumenfreude!
Das viele frische Gemüse lädt natürlich zum Kochen ein. Viele unserer Sommerrezepte sind wieder schnell und einfach zubereitet, was hoffentlich lange laue Sommerabende auf Balkon oder Terrasse beschert ...

GEMÜSE-STECKBRIEFE SOMMER

GARTENBOHNE

Zu den Gartenbohnen gehören die niedrig wachsenden Busch-, die mittelhoch wachsenden Reiser- und die in die Höhe kletternden Stangenbohnen.

Verarbeitung: Die Gartenbohne ist roh giftig. Gekocht werden die Hülsen mit Samen, nur die Samen und seltener auch die Blätter z. B. zu Gemüsepfannen, Eintöpfen und in Salaten verarbeitet. Auch wird die Gartenbohne milchsauer eingelegt („Saure Bohnen“).

Inhaltsstoffe: Gartenbohnen sind sehr ballaststoff- und proteinreich.

Tipps zur Lagerung: Frische Gartenbohnen sind gekühlt ca. 1 Woche haltbar, getrocknete Samen und gedörrte unreife Früchte halten sich Monate. Saure Bohnen halten sich ca. ein halbes Jahr.

Erntesaison: Juli bis Oktober

- Gartenbohnen werden seit mehr als 7.000 Jahren in Mittel- und Südamerika angebaut.
- Bohnen, Erbsen und Linsen sind Hülsenfrüchte.
- Bohnen, Mais und Kürbis sind die sogenannten „Drei Schwestern“, eine seit den Azteken bewährte, Milpa genannte, Anbaumethode: der Mais ist Rankhilfe für die Bohnen, welche Stickstoff binden und so Nährstoffe für den Kürbis liefern.

ERBSE

In der Küche verwenden wir Zuckererbsen, von denen wir auch die Hülsen essen, Markerbsen, die wir meist für Konserven nutzen und Palerbsen, die auch in getrocknetem Zustand gekocht werden können.

Verarbeitung: Erbsen werden sehr vielfältig verarbeitet, z. B. zu Püree, in Eintöpfen und Suppen oder in Wok- und Pfannengerichten.

Inhaltsstoffe: Getrocknete Erbsen haben einen Proteingehalt von bis zu 20 %.

Tipps zur Lagerung: Frische Erbsen verlieren schnell an Aroma. Sie sollten innerhalb von wenigen Tagen verwertet oder direkt gefrostet werden. Getrocknete Erbsen halten sich dagegen dunkel gelagert jahrelang.

Erntesaison: Juni bis August, April (bei Aussaat im Oktober)

- Erbsen wurden schon in der Jungsteinzeit (vor ca. 10.000 Jahren) angebaut.
- Karl der Große (700 n. Chr.) war Erbsen-Fan: Er verpflichtete seine Höfe, sie anzubauen.
- Getrocknete Erbsen enthalten rund doppelt so viel Eiweiß wie frische.
- Erbsen können wie alle anderen Hülsenfrüchte durch ihre Knöllchenbakterien an den Wurzeln Luftstickstoff binden.

MAIS

Ursprünglich aus Südamerika stammend, wird Mais seit den 1970er-Jahren so gezüchtet, dass er auch in unserem Klima wächst.

Verarbeitung: Mais wird roh oder gekocht in unterschiedlichster Form gegessen, z. B. in Salat oder Chili con Carne (Zuckermais). Weiterverarbeitet wird er zu Maismehl und Maisstärke (Hartmais) oder zu Popcorn, Chips, Flakes sowie Keimöl. Mais ist allgegenwärtig in unserer Ernährung, vor allem in Form von Maissirup (Glucosesirup).

Inhaltsstoffe: Mais enthält viele essenzielle Aminosäuren, Mineralien und Vitamine.

Tipps zur Lagerung: Frischer Mais hält sich im Kühlschrank bis zu zwei Wochen.

Erntesaison: Juli bis Oktober

- Die beim Mais auftretenden „Beulen" der Krankheit Maisbeulenbrand sind in Mexiko, den USA, China und Japan eine Delikatesse, hierzulande jedoch als Mahlzeit verboten.
- Nur etwa 15 % der weltweiten Maisernte dienen unserer Ernährung. Mais wird vor allem als Futter- und Energiepflanze angebaut.

PALMKOHL

Palmkohl ist geschmacklich deutlich milder als Grünkohl.

Verarbeitung: Palmkohl eignet sich besonders gut für herzhafte Gerichte. Da er lange braucht, um gar und weich zu werden, sollten die harten Blattrippen vorab entfernt werden.

Inhaltsstoffe: Die Inhaltsstoffe des Palmkohls senken das Risiko für Krebserkrankungen, beugen Magengeschwüren vor und beeinflussen den Blutzucker- und Cholesterinspiegel günstig.

Tipps zur Lagerung: Die Blätter des Palmkohls sollten frisch verarbeitet werden, da sie schnell vergilben. Blanchiert und dann eingefroren hält Palmkohl bis zu einem Jahr.

Erntesaison: Juli bis November (nicht frosthart)

- Palmkohl ist eine sehr alte Spezialität. Schon die Römer haben ihn kultiviert und auch in der Küche Kaiser Wilhelms I. durfte er nicht fehlen.
- Möglicherweise spielte Palmkohl bei der Entstehung des Wirsingkohls eine Rolle.

Mangold

Mais

Palmkohl

Palmkohl

Erbse

MANGOLD

Beim Mangold wird der Stiel- oder Rippenmangold vom Blattmangold unterschieden. Mangold wird seit vielen Jahrhunderten gegessen.

Verarbeitung: Beim Mangold werden Stiel und Blätter meist gekocht gegessen. Junge Blätter können auch roh (Salat, Smoothie) verzehrt werden. Wenn Mangold zu lange gedünstet oder gebraten wird, verliert er seine Farbstoffe und die Konsistenz. Dicke und ältere Mangoldstängel sollten wegen der Oxalsäure blanchiert und das Wasser weggegossen werden.

Inhaltsstoffe: Mangold ist reich an Vitaminen, Magnesium, Kalium, Eisen und Kalzium und deswegen besonders gesund!

Tipps zur Lagerung: Frisch schmeckt der Mangold am besten. Eingewickelt in Papier hält er sich im Kühlschrank ein paar Tage. Blanchierter Mangold hält sich eingefroren bis zu einem Jahr.

Erntesaison: Juni bis November

- Mangold und Bete sind verwandt. Sie gehören zu einer Art, der „Beta vulgaris".
- Mangold, genauso wie Lauch und Schwarzwurzel, wurden früher als „Spargel des armen Mannes" bezeichnet.
- Bei der Ernte des Mangolds bricht man die einzelnen Blätter ganz unten am Ansatz ab. Wenn man sie schneidet, beginnt die Pflanze zu faulen.

FENCHEL

Vom Fenchel gibt es bei uns zwei Varianten: den Gemüse- bzw. Knollenfenchel und den Gewürzfenchel.

Verarbeitung: Das Grün und die Zwiebel des Knollenfenchels lassen sich sowohl braten und kochen als auch frisch zubereiten. Die Samen des Gewürzfenchels eignen sich für Tee.

Inhaltsstoffe: Fenchel, insbesondere die Samen, enthalten ätherische Öle, die bei Verdauungs- und Atembeschwerden helfen.

Tipps zur Lagerung: Knollenfenchel ist 1–2 Wochen im Kühlschrank haltbar. Die Samen des Gewürzfenchels sollten nicht länger als ein Jahr gelagert werden, da sonst ihre heilende Wirkung verloren geht.

Erntesaison: August bis Oktober

- Fenchel wird schon seit Jahrhunderten als Heilmittel verwendet.
- Die Raupen des gefährdeten Schwalbenschwanzes sind gelegentlich an der Fenchelpflanze zu finden.

PAPRIKA

Unterschieden wird zwischen Gemüse- und Gewürzpaprika (z. B. Chilis).

Verarbeitung: Paprika sollte am besten roh gegessen werden, da beim Garen durch zu große Hitze das Vitamin C zerfällt.

Inhaltstoffe: Mit dem hohen Vitamin-C-Gehalt von reifer Paprika kann selbst die Zitrone nicht mithalten. Unter der Bandbreite der verschiedenen Farben von Paprika enthalten die orangefarbenen Sorten am meisten Betacarotin, das im Körper zu Vitamin A umgewandelt wird.

Tipps zur Lagerung: Paprika sollte offen, luftig und hell gelagert werden. Wie alle ursprünglich tropischen Früchte verliert sie im Kühlschrank ihr Aroma.

Erntesaison: Juli bis Oktober

- Heute gibt es Tausende Paprikasorten.
- Viele Menschen müssen nach Paprika aufstoßen. Durch Entfernen der Schale (z. B. nach dem Grillen) wird dies vermieden.

Salate im Sommer

GURKE

Unterschieden wird zwischen Salat- und Einlegegurken.

Verarbeitung: Meist essen wir Gurken im Salat oder pur. Auch ein Gurken-Gazpacho ist sehr erfrischend. Jung geerntete Einlegegurken werden zu Salzgurken (Milchsäuregärung) oder Gewürzgurken (in Essigsud eingekocht) verarbeitet.

Inhaltsstoffe: Gurken sind das wasserreichste und kalorienärmste Gemüse.

Tipps zur Lagerung: Frische Gurken verlieren im Kühlschrank ihr Aroma. Am besten lagert man sie bei 10–12 °C, dann sind sie einige Tage haltbar. Die Schnittfläche mit einer Folie abdecken oder die Spitze der Frucht wieder „ankleben", damit sie nicht austrocknet.

Erntesaison: Juni bis September

- Alte Sorten können giftige Bitterstoffe enthalten.
- In Saaz (Tschechien) wurde bereits im 19. Jahrhundert im Rahmen eines karnevalistischen Festes ein Gurkenkönig gewählt. Auch heute gibt es in Deutschland diese Tradition, z. B. wird im Spreewald jedes Jahr eine Gurkenkönigin gekürt.

SALATE IM SOMMER

Zu den typischen Salaten im Sommer gehört der Gartensalat. Zum Gartensalat gehören Kopf-, Schnitt- und Pflücksalate sowie Römer- und Spargelsalate. Salate bestehen zu 95 % aus Wasser. Früher wurden sie vor allem abends gegessen, da ihr Milchsaft eine beruhigende Wirkung hat.

KOPF-, SCHNITT- UND PFLÜCKSALAT

Kopfsalate bilden den typischen „Kopf" mit meist helleren Blättern im Inneren aus. Sie werden im Stück geerntet. Der Übergang zwischen Pflück- und Schnittsalaten ist fließend: Pflücksalate bilden offene Blatt-Rosetten, von denen die äußeren Blätter geerntet werden – von innen wachsen neue Blätter nach. Schnittsalate werden etwas über dem Boden vollständig abgeschnitten. Sie wachsen wieder nach.

Verarbeitung: Kopf-, Schnitt- und Pflücksalate werden meist roh gegessen.

Tipps zur Lagerung: Kopf-, Schnitt- und Pflücksalate sollten im Kühlschrank und nicht neben Obst gelagert werden. Sie halten sich bis zu 1 Woche.

Erntesaison: Juni bis Oktober

RÖMER- UND SPARGELSALAT

Römer- und Spargelsalate haben etwas kräftigere Blätter und Blattrippen als Kopf-, Schnitt- und Pflücksalate.

Verarbeitung: Römer- und Spargelsalate können als Rohkost, aber auch als gedämpftes Gemüse zubereitet werden (Kochsalate).

Tipps zu Lagerung: Römer- und Spargelsalate halten etwas länger als 1 Woche, sollten aber nicht neben Obst gelagert werden.

Erntesaison: Mai bis Oktober

- Der Gartensalat war schon bei den Ägyptern und alten Römern bekannt.
- Römersalat ist Hauptzutat des klassischen Caesar-Salats.
- Spargelsalate werden bis zu 70 cm hoch und 7 cm dick.
- Römersalate werden auch Romanasalate oder Bindesalate genannt. Letzteres, weil ihre Blätter früher zusammengebunden wurden, damit die inneren Blätter zart und hell blieben.

TOMATE

Es gibt eine fast unüberschaubare Vielfalt an Tomatensorten – mit Färbungen von Grün über Gelb und Rot bis ins tiefe Violett, angefangen von kleinen Busch- und Cocktailtomaten bis hin zu dicken Fleischtomaten.

Verarbeitung: Tomaten werden frisch, getrocknet oder gekocht gegessen (z. B. als passierte Tomaten, Ketchup, Tomatensoße etc.). Unreife, grüne Tomaten können zu Marmelade und Chutney weiterverarbeitet oder sauer eingelegt werden. Das intensive Aroma der Tomaten bleibt am besten erhalten, wenn sie nicht gewaschen oder abgerubbelt werden, denn dadurch werden ihre feinen, Duftstoffe enthaltenden Drüsenhaare zerstört.

Inhaltsstoffe: Das in Tomaten enthaltene Lycopin soll vor Erkrankungen der Herzkranzgefäße und Arteriosklerose schützen.

Tipps zur Lagerung: Die ursprünglich aus den Tropen stammenden Tomaten verlieren im Kühlschrank ihr Aroma. Sie halten sich ungefähr 1 Woche.

Erntesaison: Juli bis Oktober

- Es gibt Johannisbeertomaten. Ihre Früchte werden nicht viel größer als Johannisbeeren.
- Jeder Deutsche isst im Schnitt ca. 25 kg Tomaten pro Jahr.

ZUCCHINI

Zucchini gehören zu den Gartenkürbissen.

Verarbeitung: Zucchini können roh, gebraten, gekocht oder gegrillt gegessen werden – auch gefüllt und im Ofen überbacken sind sie köstlich. Eine besondere Delikatesse sind die großen geöffneten Blüten, die frittiert oder im Omelette sehr fein schmecken.

Inhaltsstoffe: Zucchini haben wenig Kalorien, da sie zu mehr als 90 % aus Wasser bestehen.

Tipps zur Lagerung: Aufgrund ihres hohen Wassergehalts lassen sich Zucchini nur bis zu 3 Wochen lagern – am besten im Dunkeln, bei ca. 10–15 °C und nicht neben Obst, denn die Reifegase des Obsts beschleunigen den Reifeprozess.

Erntesaison: Juli bis Oktober

- Zucchini wurde vom italienischen „zucci" abgeleitet und bedeutet „kleine Kürbisse".
- Bitter schmeckende Zucchini sind giftig!
- Es gibt Zucchini in allen Formen und Farben (gelb, weiß, creme, hell- und dunkelgrün und sogar gestreift).

Zucchini

Tomate

Tomate

Zucchini

Tomate

FENCHEL-BROT-AUFLAUF

6 Portionen | 45 Min. | leicht

2 Zwiebeln
2 Knoblauchzehen
Olivenöl
2 große Fenchel
1 Flasche gewürzte Tomatensoße
Salz, Pfeffer, Oregano
Butter
500 g dunkles Brot vom Vortag
300 g Mozzarella

Eine gute Gelegenheit, Brot vom Vortag zu verarbeiten.

Die Zwiebeln und den Knoblauch würfeln und mit Öl in einer Pfanne anbraten. Anschließend den in Streifen geschnittenen Fenchel dazugeben und alles 3 Min. weiterbraten. Die Tomatensoße dazugeben und mit Salz, Pfeffer und Oregano abschmecken. In einer mit Butter gefetteten Auflaufform abwechselnd das in dünne Scheiben geschnittene Brot, die Gemüsemischung und die Mozzarellascheiben schichten. Mit Mozzarella abschließen.

Circa 30 Min. bei 150 °C backen.

GURKEN-LAUCH-CURRY MIT LIMETTEN-LINSEN

4 Portionen | 45 Min. | leicht

1 Tasse gelbe Linsen
4 Tassen Wasser
1 Gurke
1 Stange Lauch
1 Möhre
1 Kartoffel
1 kleine Zwiebel
1 Knoblauchzehe
2 cm Ingwer
1 EL Currypaste (mild)
Pflanzenöl
1 Becher Joghurt (natur)
1 Bio-Limette
Salz, 1 Prise Zucker
1 EL Sojasoße
3 EL Kokosraspeln
200 g Weintrauben
½ Bund Koriander

Eine asiatisch angehauchte Kombination.

Die Linsen mind. 1 Std. im Wasser einweichen.

Das Gemüse würfeln. Zwiebel, Knoblauch, Ingwer und Currypaste in einer Pfanne in Öl anbraten und das restliche Gemüse dazugeben. Mit Wasser ablöschen, 10–15 Min. köcheln lassen, beiseitestellen und den Joghurt unterheben.

Die Linsen im Einweichwasser ca. 20 Min. kochen bis sie anfangen zu zerfallen. Mit Limette (Saft und geriebener Schale), Salz, Zucker und Sojasoße abschmecken. Kokosraspeln und halbierte Weintrauben unterheben, mit gehacktem Koriander bestreuen. Zusammen mit dem Gemüse servieren.

SCHNELLE PAPRIKASUPPE

2 Portionen | 20 Min. | kinderleicht

1 rote Paprika
2 mehligkochende Kartoffeln
Butter
400 ml Gemüsebrühe
½ Becher Schlagsahne
Salz, Pfeffer
ggf. Schnittlauch

Für diese Suppe eignen sich vor allem rote Parika, aber auch gelbe und orange können verwendet werden. Grüne Paprika sind zu herb.

Die Paprika in Streifen und die geschälten Kartoffeln in Würfel schneiden. Beides in Butter anbraten. Mit der Gemüsebrühe aufgießen und 10 Min. köcheln lassen. Die Sahne dazugießen, alles pürieren und mit Salz und Pfeffer abschmecken. Gegebenenfalls Schnittlauchröllchen darüberstreuen.

PALMKOHL-BRUSCHETTA

4 Portionen (Vorspeise) | 25 Min. | kinderleicht

10 Palmkohlblätter
1 Zwiebel
Olivenöl
1 TL Chiliflocken
2 Knoblauchzehen
Salz
1 TL dunkler Balsamicoessig
frisches Baguette

Als Vorspeise ein Hingucker und mal eine andere Variante der Bruschetta.

Die Blattrippen des Palmkohls entfernen und ihn in Streifen schneiden. Zwiebel klein schneiden und zusammen mit dem Palmkohl in Öl anbraten. Gegebenenfalls 2 EL Wasser dazugeben, dann köcheln lassen, bis der Palmkohl weich ist (ca. 10 Min.). Alternativ kann der Palmkohl blanchiert werden, dann muss er nur kurz in der Pfanne köcheln.

Die Chiliflocken und den gepressten Knoblauch unter den Palmkohl heben, kräftig mit Salz und Balsamicoessig abschmecken und 3 EL Öl dazugeben.

Frisches Baguette schneiden, toasten und mit Öl bestreichen. Palmkohl-Bruschetta auf den warmen Baguettescheiben anrichten und sofort servieren.

MANGOLD-QUICHE
MIT RETTICHDECKE

4–6 Portionen | 1 Std. | leicht

- Mürbeteig (S. 15)
- 1 kg Mangold
- 3 Eier
- 2 Becher saure Sahne
- 1 Knoblauchzehe
- Salz, Pfeffer
- Butter
- 1 Rettich
- ggf. 1 TL Thymian

Die Schärfe des Rettichs verleiht der Quiche den besonderen Pfiff!

Den Mürbeteig zubereiten.

Den Mangold in Streifen schneiden, 2 Min. blanchieren und abtropfen lassen. Die Eier mit der sauren Sahne verrühren. Den etwas abgekühlten Mangold und den gepressten Knoblauch untermischen und mit Salz und Pfeffer kräftig abschmecken.

Eine mit Butter gefettete Springform mit dem Mürbeteig auslegen und die Mangoldfüllung darauf verteilen. Im vorgeheizten Backofen 45 Min. bei 170 °C backen.

Den Rettich grob raspeln und als Decke auf der fertigen Quiche verteilen. Wer die Schärfe des Rettichs nicht mag, kann stattdessen einige Thymianblättchen in die Füllung geben.

MEIN TIPP

vegan

„Für eine vegane Variante können die Milchprodukte der Quichefüllung durch die Cashewcreme ersetzt werden (S. 17).“

TOMATENSALAT
MIT MINZE

4 Portionen | 10 Min. | kinderleicht

- 12 große reife Tomaten
- ½ rote Zwiebel
- 5 Blättchen Minze
- 6 EL Olivenöl
- 4 EL Balsamicoessig
- Salz, Pfeffer

Mit der erfrischenden Minze passt dieser Salat perfekt in den Sommer!

Die Tomaten achteln und die Zwiebel in feine Ringe schneiden. Mit der gehackten Minze, Öl und Essig mischen und mit Salz und Pfeffer abschmecken.

MEIN TIPP

„Die Minze kann auch durch Basilikum ergänzt oder ersetzt werden."

BULGUR? IST WEIZEN, ABER VORGEKOCHT

BULGURSALAT
MIT GEBRATENEN ZUCCHINI, SCHWARZEN OLIVEN & BASILIKUM

4 Portionen | 40 Min. | leicht

1 Tasse Bulgur
2 Zucchini
(alternativ Auberginen)
Olivenöl
Saft von 1 Zitrone
Salz, Pfeffer
12 schwarze Oliven
Blätter von 5 Stielen Basilikum

Mit der erfrischenden Zitrone, dem vielen Basilikum und der Zucchini ist dieses Gericht sehr sommerlich!

Den Bulgur nach Packungsanleitung bissfest garen.

Zucchini in 1 cm dicke Scheiben schneiden und portionsweise in Öl scharf anbraten, bis sie innen weich und außen braun sind. Auskühlen lassen.

Den Bulgur mit dem Zitronensaft, ca. 6 EL Öl, Salz und Pfeffer abschmecken. Man darf die Zitrone ruhig schmecken – ggf. noch mehr Saft dazugeben. Die Oliven und die ggf. halbierten Zucchinischeiben unterheben. Die Basilikumblätter mit der Schere scheiden und über den Salat geben, alles vermengen, kurz ruhen lassen und servieren.

MEIN TIPP

„Olivenöl immer erst probieren. Oft ist es leicht bitter, das mögen Kinder meist nicht."

BROTSALAT NACH RATATOUILLE-ART

4 Portionen | 30 Min. | leicht

Olivenöl
½ luftiges Brot vom Vortag
1 rote Zwiebel
2 Knoblauchzehen
1 Zucchini
2 Tomaten
1 grüne Paprika
3 EL Balsamicoessig
Salz, Pfeffer
Blätter von 5–7 Stielen Basilikum

Durch das frische Basilikum schmeckt der Salat richtig nach Sommer!

In zwei Pfannen Öl erhitzen und in der einen das gewürfelte Brot, in der anderen die gewürfelte Zwiebel, Knoblauch und Zucchini scharf anbraten bis sie braun sind. In getrennten Schüsseln abkühlen lassen. Tomaten und Paprika klein schneiden, zu dem Gemüse geben und mit Balsamicoessig, Salz und Pfeffer abschmecken. Kurz vor dem Servieren das Brot und das gehackte Basilikum hinzufügen.

TIPP: Ist noch mehr altes Brot vom Vortag übrig? Es eignet sich auch hervorragend für den Fenchel-Brot-Auflauf (S. 58)!

RÜHREI MIT GESCHMORTEN TOMATEN & BASILIKUM

4 Portionen | 15 Min. | kinderleicht

8 reife Tomaten
Olivenöl
4 Eier
Salz, Pfeffer
Blätter von 2 Stielen Basilikum

Das Rührei ist hervorragend, um zu viele oder überreife Tomaten zu verarbeiten. Es passt gut zu Farfalle, zu einem grünen Salat oder einfach nur aufs Butterbrot.

Die Tomaten klein schneiden und im heißen Öl ca. 3 Min. köcheln lassen, sodass der Saft etwas einkocht. Die verquirlten Eier mit Salz und Pfeffer würzen, dazugeben und das Ganze ca. 5 Min. stocken lassen. Ganz am Schluss Basilikumblätter darüberzupfen.

TIPP: Erfahrungsgemäß werden die Basilikumblätter nicht so braun, wenn sie mit einer Schere statt dem Messer geschnitten werden.

BUNTER BOHNENSALAT

6 Portionen | 20 Min. | kinderleicht

1 kg gelbe und grüne Buschbohnen
Vinaigrette (S. 18)
1 EL frisches Bohnenkraut
½ Bund Schnittlauch

Das Säuerliche des Dressings und das Knackig-sämige der Bohnen: eine tolle Kombination. Ganze Schüsseln werden davon in Windeseile verputzt.

Die harten Enden der Bohnen abschneiden und ggf. die Fäden abziehen. 8 Min. in Wasser kochen, abgießen und abschrecken, damit sie nicht weiter garen.

In der Zwischenzeit die Vinaigrette zubereiten und das gehackte Bohnenkraut und die Schnittlauchröllchen in die Vinaigrette geben. Mit den Bohnen vermengen. Fertig!

UNSER TIPP

„In diesen Salat passen verschiedene Bohnen, auch gemischt, z. B. Busch-, Stangen-, Puff- und Augenbohnen."

KOKOS-KOHLRABI-ERBSEN-GEMÜSE

2 Portionen (Beilage) | 20 Min. | kinderleicht

1 Kohlrabi (alternativ 2 Möhren)
Butter
200 ml Kokosmilch
2 Handvoll Erbsen (frisch oder TK)
Salz, Pfeffer
ggf. etwas Dill

Viele Kinder mögen Erbsen, weil sie süß sind, andere überhaupt nicht. Auf jeden Fall lohnt es sich, dieses Rezept auszuprobieren, gerade wegen der Kombination mit Kokosmilch.

Kohlrabi in Stifte schneiden und in Butter 2 Min. andünsten. Mit der Kokosmilch ablöschen, die Erbsen dazugeben und ca. 5 Min. köcheln lassen. Mit Salz, Pfeffer und ggf. frischem Dill abschmecken.

TIPP: Es lohnt sich, etwas mehr zu kochen, denn dieses Gemüse eignet sich hervorragend als Grundlage für eine Gemüsecremesuppe (S. 23).

FLAMMKUCHEN-WRAP

2 Portionen | 1,5 Std. | leicht

- halbe Menge vom Hefeteig (S. 13)
- 1 EL Pflanzenöl
- 3 EL Joghurt (natur)
- Olivenöl
- 1 EL grünes Pesto
- Saft von 1 Zitrone
- Salz, Pfeffer
- 50 g gehackte Mandeln
- 1 große Zwiebel
- 1 Packung Räuchertofu
- Oregano, 1 Prise Zucker
- 4 Salatblätter
- 1 Möhre
- ¼ Gurke

Der Wrap kann auch kalt zum Abendbrot gegessen oder für unterwegs eingeplant werden.

Den Hefeteig mit dem Pflanzenöl zubereiten und gehen lassen.

Joghurt mit 1 EL Olivenöl, Pesto und Zitronensaft mixen und mit Salz und Pfeffer würzen.

Den Ofen auf 250 °C vorheizen. Den aufgegangenen Teig auf einem mit Backpapier ausgelegten Backblech ausrollen, mit 2 EL der Joghurtcreme bestreichen und mit den Mandeln und den in Ringe geschnittenen Zwiebeln belegen. Den Flammkuchen ca. 8–12 Min. backen. In der Zwischenzeit den in Scheiben geschnittenen Räuchertofu in einer Pfanne in Olivenöl anbraten, mit Oregano und Zucker würzen.

Den fertig gebackenen Flammkuchen mit den Salatblättern, der geraspelten Möhre, der gewürfelten Gurke und dem Räuchertofu belegen. Die restliche Joghurtcreme darübergeben, zusammenrollen und halbieren.

TIPP: Den Flammkuchen aufrollen und mit dem Backpapier umwickeln. An den Enden das Backpapier zudrehen und dann die Rolle in der Mitte durchschneiden. So ist er leicht zu essen!

ZUCCHINI-BRATLINGE

4 Portionen | 30 Min. | leicht

- 3 kleine Zucchini
- 2 EL Semmelbrösel
- 1 EL Mehl
- 50 g geriebener Käse
- 1–2 Eier
- Salz, Pfeffer, ggf. Paprikapulver
- Pflanzenöl

Ein bewährtes Rezept während der Zucchinischwemme. Die Bratlinge sind auch mit Bohnen oder Gemüseresten lecker (S. 23).

Zucchini grob raspeln, mit Salz bestreuen und 10 Min. ziehen lassen. Danach den Saft ausdrücken. Die Raspeln mit Semmelbrösel, Mehl, Käse und Eiern vermengen und mit Salz und Pfeffer sowie ggf. Paprikapulver abschmecken. Mind. 10 Min. stehen lassen, damit das Mehl bindet. Falls der Teig zu flüssig ist, noch etwas Mehl oder Semmelbrösel hinzugeben. In der Pfanne als Bratlinge mit Öl ausbacken.

Dazu den schnellen Joghurt-Dip servieren (S. 24).

MEIN TIPP

„Die Zucchini-Bratlinge passen auch in einen Burger (Burger Buns: S. 13). Klassisch gibts dazu Mayonnaise, saure Gurkenscheiben, Salat, Ketchup und geröstete Zwiebeln. Das wird immer gegessen und ist ein Highlight!“

SALATSUPPE

4 Portionen | 20 Min. | kinderleicht

2 nicht bittere Salate
(z. B. Kopfsalat)
Butter
etwas Mehl
700 ml Gemüsebrühe
1 Becher Schlagsahne
ggf. gekochte Kartoffeln
vom Vortag
Salz, Pfeffer

Für diese Suppe eignen sich hervorragend Salate (ohne Dressing), die so schlapp geworden sind, dass sie keiner mehr roh essen mag.

Den Salat in einem Topf in Butter andünsten, mit etwas Mehl bestäuben und mit der Gemüsebrühe aufgießen. 5 Min. köcheln lassen. Am Ende mit der Sahne aufgießen, ggf. die Kartoffeln hinzugeben und pürieren. Alles noch einmal aufkochen und mit Salz und Pfeffer abschmecken.

UNSER TIPP

„Zusätzlich können TK-Erbsen untergehoben und ein paar Croûtons oder Backerbsen darübergestreut werden."

BUNTER & SCHNELLER GARTENSALAT

2 Portionen | 6 Min. | kinderleicht

1 Möhre
½ Gurke
1 Handvoll bunte
Cocktailtomaten
heller Balsamicoessig
Olivenöl
Salz, Pfeffer

Auch Paprika, Champignons, Fenchel (in dünne Streifen geschnitten) und Kohlrabi passen.

Die Möhre und die Gurke würfeln und die Tomaten halbieren. In einer Schüssel mischen und mit Balsamicoessig und Öl abschmecken. Nach Belieben mit Salz und Pfeffer würzen.

GEFÜLLTE ZUCCHINI

4 Portionen | 1 Std. | leicht

2 große Zucchini
Salz, Pfeffer
Butter

Vegetarische Füllung:
1 Tasse Wildreis oder Bulgur
½ Packung Feta (Schafskäse)
2 EL geriebener Parmesan

Hackfleischfüllung:
300 g gemischtes Hackfleisch
2 EL Semmelbrösel
1 Ei

Soße:
100 ml Schlagsahne
200 ml Gemüsebrühe

Für die Zucchinischwemme mit extra viel Zucchini!

Vegetarisch: Reis bzw. Bulgur nach Packungsanleitung kochen. Mit dem zerbröselten Feta und Parmesan vermengen. Mit Fleisch: Hackfleisch mit Semmelbrösel und Ei gut vermengen.

Zucchini in 7 cm dicke Ringe schneiden und mit dem Löffel aushöhlen. Das Zucchinifleisch fein würfeln und mit der vegetarischen Masse bzw. der Fleischmasse mischen. Kräftig mit Salz und Pfeffer würzen.

Zucchiniringe in eine gebutterte Auflaufform legen und mit der Masse füllen. Die Sahne mit der Gemüsebrühe mischen und in die Auflaufform aufgießen. Bei 180 °C ca. 40 Min. im Ofen garen.

BLUMENKOHLSALAT MIT SCHAFSKÄSE

4 Portionen | 20 Min. | kinderleicht

1 Blumenkohl
1 rote Zwiebel
4 EL Weinessig
6 EL Rapskernöl
1 TL Senf
2 TL frischer Thymian
1 Prise Zucker
1 Packung Feta (Schafskäse)
2 EL Sonnenblumenkerne

Ein wirklich ganz einfacher, schneller und schmackhafter Salat.

Den Blumenkohl in nicht zu kleinen Röschen in wenig Wasser blanchieren (5 Min.) und etwas abkühlen lassen. Die Zwiebel fein würfeln und zusammen mit dem Weinessig, dem Öl, dem Senf, dem gehackten Thymian und dem Zucker das Dressing herstellen und unter den Blumenkohl mischen. Feta grob zerbröseln und mit den gerösteten Kernen (in der Pfanne, ohne Öl) auf den Blumenkohlsalat geben.

MEIN TIPP

„Zu viel Blumenkohl gekocht? Zusammen mit mehligkochenden Kartoffeln ist er die perfekte Grundlage für eine Gemüsecremesuppe (S. 23)."

IDEEN ZUM ABENDBROT

4 Portionen | je 15 Min. | kinderleicht

Warmes Mangold-Gemüse mit Sesam:
1 Knoblauchzehe
Olivenöl
6 Stiele Mangold
1 EL Sojasoße
2 EL Sesam

Kräuterquark mit Estragon und roter Zwiebel:
1 rote Zwiebel
250 g Quark
2 EL Milch
ggf. 1 Apfel und 5 Radieschen
Salz, Pfeffer, 1 Prise Zucker
1 Stiel frischer Estragon
1 Spritzer Zitronensaft
Rapskernöl

Im Sommer gibt es frisches Gemüse satt. Warum nicht auch einmal warm aufs Brot, mit Quark oder in unterschiedlichsten Salaten?

Folgende Salate passen in den Sommer:

- Tomatensalat mit Minze (S. 61)
- Bunter Bohnensalat (S. 65)
- Bunter und schneller Gartensalat (S. 68)
- Unterschiedliche Blattsalate mit Dressing nach Wahl (S. 18)

Eine noch warme Focaccia (S. 13) oder halbe Flammkuchen-Wraps (S. 66) sind eine tolle Ergänzung.

Als **Rohkost**, einfach nur aufgeschnitten, passen **Gurken, Tomaten, Zwerggürkchen, Paprika, Fenchel** oder was eben sonst so da ist und gerne gegessen wird.

Warmes Mangold-Gemüse mit Sesam

Den gepressten Knoblauch in reichlich Öl anbraten und den in Streifen geschnittenen Mangold hinzugeben. So lange braten, bis er zusammengefallen und die Flüssigkeit verdampft ist (2–4 Min.). Mit Sojasoße ablöschen und den ohne Fett gerösteten Sesam darübergeben.

Kräuterquark mit Estragon und roter Zwiebel

Die fein geschnittene rote Zwiebel mit der Gabel zerdrücken (damit verliert sie ihre Schärfe) und mit dem Quark und der Milch verrühren, sodass eine glatte Konsistenz entsteht. Nach Geschmack den klein geschnittenen Apfel und die klein geschnittenen Radieschen hinzugeben. Mit Salz, Pfeffer, Zucker und den gehackten Estragonblättern abschmecken. Etwas Zitronensaft und etwas Öl verleihen dem Kräuterquark noch ein wenig mehr Pfiff.

Zusammen mit dem Mangold-Gemüse und Salz- oder Pellkartoffeln wird daraus ein vollständiges Gericht.

HERBST

Das Herbstwetter kann alles bieten: vom ersten Frost in der Nacht bis zu T-Shirt-Temperaturen am Tag, welche die letzten Freilandtomaten reifen lassen. Der Beginn des Herbstes ist bunt, und er schöpft noch einmal aus dem Vollen was Farben, Düfte und natürlich Ernte angeht: Dahlien prahlen mit ihrer ganzen Pracht und typisches Herbstgemüse wie Kartoffeln, Kürbisse und die zweite Runde Spinat, aber auch Obst wie Äpfel und Quitten sind reif.

Trotzdem machen sich die kürzeren Tage bemerkbar, und auf dem Acker dreht sich alles um Ernte und Einlagerung – übrigens oft die liebsten Aufgaben unserer AckerKinder.

Längere Grau-in-Grau-Phasen im November machen Appetit auf duftende Aufläufe am Mittag oder wärmende, herzhafte Suppen am Abend. Die Farben- und Geschmacksvielfalt der herbstlichen Ernte spiegelt sich auch in unseren Rezeptvorschlägen wider: viel Kürbis, Rote Bete, Birnen, Äpfel und Lauch.

Und wenn die Regenwolken zu sehr aufs Gemüt drücken, gönnt euch einfach süße Buchteln (S. 13) mit Pflaumenkompott!

GEMÜSE-STECKBRIEFE HERBST

RIESEN- UND MOSCHUSKÜRBIS

Von den Wildformen der Kürbisse konnten früher nur die Samen verwendet werden, da das Fruchtfleisch bitter war. Erst durch die Auslese von nicht bitteren und ungiftigen Formen ist heute der ganze Kürbis genießbar.

Verarbeitung: Die meisten Kürbissorten müssen geschält werden, eine Ausnahme ist z. B. der Hokkaido. Das Fleisch wird roh, gekocht und gebacken, süß und herzhaft gegessen oder eingelegt. Die großen Blüten schmecken gebraten oder frittiert.

Inhaltsstoffe: Kürbis ist ein kalorienarmer Sattmacher mit Betacarotin und Vitamin A.

Tipps zur Lagerung: Sorten mit harter Schale können kühl (10–15 °C) und trocken bis ins Frühjahr hinein gelagert werden. Sorten mit weicher Schale sind nur wenige Wochen haltbar. Nicht neben Obst lagern.

Erntesaison: September bis Oktober (bis zum 1. Frost)

- Ein bekannter Vertreter der Riesenkürbisse ist der Hokkaido, ein Vertreter der Moschuskürbisse ist der Butternut.
- In vielen Orten gibt es jedes Jahr zur Erntezeit ein Kürbisfest.

ROTE BETE

Neben der bekannten Roten Bete gibt es auch gelbe, weiße und sogar geringelte Bete.

Verarbeitung: Essbar sind Wurzel und Blätter, sowohl roh als auch gekocht. Die Blätter verleihen Salat und grünen Smoothies eine besonders würzige Note.

Inhaltsstoffe: Rote Bete ist reich an Vitamin B und Eisen.

Tipps zur Lagerung: ohne Blätter luftig, kühl und frostfrei lagern. So hält sie sich bis zu einem Monat, eingelagert in Sand den ganzen Winter.

Erntesaison: Juni bis November

- Eine Rübe kann bis zu 600 g wiegen.
- In Kanada werden die Blätter genauso gerne gegessen wie die Rübe.
- Sogenannte „Pflückrüben" sind eine Mischform aus Beten und Mangold.

Kürbis

Yacón

Yacón

Kartoffel

Kartoffel

YACÓN

Blühende Yacónpflanzen können für Sonnenblumen gehalten werden.

Verarbeitung: In der Küche wird vor allem die Knolle verwendet. Sie sollte vor dem Verzehr geschält werden. Ihr Geschmack erinnert an eine reife Birne. Aufgrund ihrer Süße wird die Yacónknolle auch zu Sirup oder Erfrischungsgetränken verarbeitet.

Inhaltsstoffe: Die Yacónknolle enthält Inulin, das den Blutzuckerspiegel aktiv senkt, und Glutaminsäure, die als „Geschmacksverstärker“ bekannt ist.

Tipps zur Lagerung: Unbeschädigte Knollen halten sich kühl, in Sand eingelagert, etwa ein Jahr.

Erntesaison: Oktober bis November (nach dem 1. Frost)

- Yacón kommt aus Südamerika und wird von „Yacu“ abgeleitet. Es bedeutet „Wasser/Wasserwurzel“.
- Die Yacónwurzel wird in Südamerika auch „peruanischer Bodenapfel“ genannt.

KARTOFFEL

Es gibt kaum ein Gericht, zu dem Kartoffeln nicht als Beilage passen würden! Weltweit gibt es viele Tausend Sorten. Es werden stetig weitere entwickelt, andere geraten in Vergessenheit. Im Handel sind allerdings nur wenige Sorten zu finden.

Verarbeitung: Kartoffeln sind Nachtschattengewächse und sollten nicht roh gegessen werden, wenn sie grün sind. Es gibt neben den Industriekartoffeln zur Stärkegewinnung festkochende Salatkartoffeln, vorwiegend festkochende und mehligkochende Speisekartoffeln. Kartoffeln werden verschieden zubereitet, z. B. als Bratkartoffeln, Kartoffelsalat, Kartoffelpüree, Gnocchi oder Rösti.

Inhaltsstoffe: Kartoffeln sind der Stärkelieferant schlechthin!

Tipps zur Lagerung: Kartoffeln halten sich am besten bei 8–10 °C und hoher Luftfeuchtigkeit sowie dunkel und luftig gelagert.

Erntesaison: Mitte Juli bis Oktober

- Kartoffeln wurden zunächst als Zierpflanze angepflanzt, da man sie für giftig hielt.
- Friedrich der Große führte im 18. Jahrhundert die Kartoffel in unseren Breitengraden ein. Die Menschen waren zunächst skeptisch. Mit einem Trick brachte er die Kartoffel an den Mann: Er ließ sie auf einem bewachten Feld anbauen, denn was bewacht wird, ist wertvoll. Kartoffeldiebe wurden aber nicht verfolgt. Sein Vorgehen war erfolgreich.

SELLERIE

Drei Varietäten des Selleries werden verwendet: der Knollensellerie, der Stauden-, auch Stangen- oder Bleichsellerie genannt, und der Schnittsellerie.

Verarbeitung: Der Knollensellerie ist ein typischer Bestandteil des Suppengrüns. Für Schmorgerichte oder als Beilage eignet sich der aromatisch schmeckende Staudensellerie. Für Kräutersalze und Gemüsebrühe wird der Schnittsellerie verwendet, denn er ist besonders kräftig.

Inhaltsstoffe: Der hohe Kaliumgehalt, insbesondere im Staudensellerie, unterstützt den Harnfluss und mindert rheumatische Beschwerden.

Tipps zur Lagerung: Kühl gelagert, am besten in Sand (außer Stangensellerie), hält sich Sellerie ca. 1 Woche. Er sollte nicht neben Obst gelagert werden.

Erntesaison: September bis November

- Früher wurde der Sellerie in mittelalterlichen Klostergärten angebaut.
- Die Ägypter liebten den Sellerie so sehr, dass sie ihn mit ins Grab legten.

MÖHRE

Die heutigen Möhren wurden aus der weißen Wilden Möhre gezüchtet. Es gibt sie in ganz unterschiedlichen Farben: Aus Vorderasien stammen z. B. rotviolette und gelbe Möhren, die orangefarbenen stammen aus den Niederlanden.

Verarbeitung: Möhren werden roh, gebraten und gekocht gegessen. Am besten bleibt ihr kräftigsüßes Aroma erhalten, wenn sie in Pflanzenöl gedünstet werden (ohne Wasser). Um das Vitamin A aufzuschließen, sollte in jedem Möhrengericht etwas Fett (Öl oder Butter) sein.

Inhaltsstoffe: Möhren enthalten Betacarotin. Dies wird im Körper zu Vitamin A umgewandelt und ist wichtig für Sehstärke, Zellwachstum und die Erneuerung der Haut.

Tipps zur Lagerung: Ohne Grün lassen sich Möhren mehrere Tage im Kühlschrank lagern. Kühl und in Sand gelagert halten sie mehrere Wochen.

Erntesaison: Juni bis November

- Je kräftiger die Farbe der Möhre, desto höher der Betacarotin-Gehalt.
- Der Name Karotte ist für kurze, dicke Sorten üblich.

Möhre

Möhre

Möhre

Knollensellerie

Staudensellerie

EINE PRISE MITTELMEER GEFÄLLIG?

KÜRBIS-QUICHE
MIT ZIEGENFRISCHKÄSE & ROSMARIN

4 Portionen | 1 Std. | leicht

Mürbeteig (S. 15)
1 Kürbis (Hokkaido oder Butternut)
1 Packung Ziegenfrischkäse
1 Becher saure Sahne
3 Eier
2 Zweige Rosmarin
Salz, Pfeffer
Butter

Eine Quichevariante, die durch den Rosmarin und den Ziegenkäse eine mediterrane Note bekommt und auf jedes Büfett passt.

Den Mürbeteig zubereiten.

Den Kürbis entkernen, samt Schale raspeln und mit dem Ziegenfrischkäse, der sauren Sahne, den Eiern und den gehackten Rosmarinblättern mischen. Mit Salz und Pfeffer kräftig abschmecken.

Auflauf- oder Quicheform mit Butter fetten, mit Teig auslegen und die Kürbismischung darauf verteilen. Im vorgeheizten Backofen 45 Min. bei 180 °C backen.

MEIN TIPP

„Dazu passen sehr gut alle Blattsalate oder Tomaten."

ACKERLEI

4 Portionen | 40 Min. | kinderleicht

- 1 Zwiebel
- 1–2 Knoblauchzehen
- Olivenöl
- 8 Stiele Mangold
- 3 Tomaten
- 4 festkochende Kartoffeln
- 1 TL Paprikapulver
- ggf. grünes Gemüse der Saison (Zucchini, Bohnen, Palmkohl)
- ¾ l Gemüsebrühe
- 2 EL Risotto- oder Milchreis
- 1 Dose weiße Bohnen
- Salz, Pfeffer

Dieser Eintopf kann zu jeder Jahreszeit mit unterschiedlichen Gemüsen gekocht werden. Wichtig sind die Bohnen und der Reis, die alles sämig machen.

Die gewürfelte Zwiebel und den gepressten Knoblauch in Öl andünsten. Den in Streifen geschnittenen Mangold, die gewürfelten Tomaten und Kartoffeln, das Paprikapulver sowie ggf. das klein geschnittene Gemüse dazugeben und 2 Min. mitbraten. Mit der Gemüsebrühe aufgießen, bis das Gemüse bedeckt ist, und 10 Min. köcheln lassen. Den Reis und die Bohnen dazugeben und weitere 10 Min. köcheln lassen. Mit Salz und Pfeffer abschmecken.

MEIN TIPP

„Schmeckt am nächsten Tag fast noch besser."

KÜRBIS-SCHRANKE

4 Portionen (Vorspeise) | 35 Min. | kinderleicht

1 kleiner Hokkaido
Olivenöl
Salz

Weiße Soße:
½ cm Ingwer
250 g Joghurt (natur)
1 EL Honig

Rote Soße:
1 Zwiebel
1 TL Chiliflocken
Olivenöl
½ Dose Tomaten in Stücken
½ TL Kreuzkümmel

Achtung: Die rote Soße ist feurig scharf!

Den Kürbis entkernen, samt Schale in 2 cm dicke Spalten schneiden und auf einem Backblech ausbreiten. Mit ca. 5 EL Öl beträufeln und mit Salz bestreuen. Im Backofen 15–20 Min. bei 200 °C backen.

Für die weiße Soße den Ingwer reiben und mit den anderen Zutaten mischen. Für die rote Soße die gewürfelte Zwiebel mit den Chiliflocken in Öl andünsten, Tomaten und den zerstoßenen Kreuzkümmel hinzugeben und einköcheln lassen.

Soßen abwechselnd auf die Kürbisspalten geben.

TIPP: Einfach grob gewürfelte Kartoffeln mit aufs Blech geben und es wird ein Hauptgericht!

PALMKOHLGEMÜSE MIT BIRNE & CAMEMBERT

4 Portionen | 20 Min. | kinderleicht

1 kg Palmkohl
1 rote Zwiebel
3 reife Birnen
Butter
1 Tasse Gemüsebrühe
Salz, Pfeffer
100 ml Schlagsahne
1 kleiner Camembert

Zusammen mit Salz- oder Pellkartoffeln, mit Reis oder als Pfannkuchenfüllung ein tolles Gericht.

Den Palmkohl von den harten Mittelrippen befreien und in Streifen schneiden, 2 Min. blanchieren.

Birnen in Spalten schneiden. Die gewürfelte Zwiebel in Butter glasig dünsten. Palmkohl und Birne dazugeben. Mit der Gemüsebrühe aufgießen und 10 Min. köcheln lassen. Mit Salz und Pfeffer kräftig abschmecken. Die Sahne dazugeben und noch einmal kurz aufkochen lassen.

Kurz vor dem Servieren den Camembert in Streifen geschnitten auf das Gemüse legen.

FLAMMKUCHEN
MIT SPAGHETTIKÜRBIS & MÖHREN

2 Bleche | 30 Min. | leicht

Hefeteig (S. 13)
Butter
2 Becher saure Sahne
1 Packung Ziegenfrischkäse
½ Spaghettikürbis (alternativ Hokkaido oder Butternut)
2 Möhren
3 EL Olivenöl
1 Knoblauchzehe
Salz, Pfeffer, 1 Prise Zucker

Das Tolle an diesem Rezept ist: ihm sind keine Grenzen gesetzt. Der Belag kann variiert werden und für die Kinder gibts immer auch die klassische Variante mit Speck und Zwiebeln.

Den Hefeteig zubereiten und auf den mit Butter gefetteten Blechen ausrollen.

Saure Sahne und Ziegenfrischkäse mischen und auf dem ausgerollten Teig verstreichen.

Kürbis entkernen. Den geschälten Kürbis und die Möhren raspeln. Mit dem Öl und dem gepressten Knoblauch vermengen und mit Salz, Pfeffer und Zucker würzen. Auf den Flammkuchen verteilen.

Im vorgeheizten Backofen 12–15 Min. bei 220 °C backen.

KÜRBIS-TORTILLA

4 Portionen | 30 Min. | für kleine Kochkünstler

2 vorwiegend festkochende Kartoffeln
½ Hokkaido
Olivenöl
5 Eier
Salz, Pfeffer
ggf. etwas Petersilie

Übrigens, Tortilla (spanisch) und Frittata (italienisch) sind fast das Gleiche! Der Unterschied: Bei der Tortilla findet das Stocken des Eis in der Pfanne statt, bei der Frittata im Backofen. Das Stürzen braucht etwas Übung. Auch kalt schmeckt die Tortilla sehr gut.

Die Kartoffeln in kleine Würfel schneiden, 5 Min. in Salzwasser garen und abgießen. Danach den klein gewürfelten Kürbis (samt Schale) 3 Min. in reichlich Öl in einer großen Pfanne (möglichst beschichtet) anbraten, die Kartoffeln dazugeben und gut vermengen.

Die Eier verquirlen, mit Salz, Pfeffer und ggf. gehackten Petersilienblättern würzen, zu dem Kartoffel-Kürbis-Gemüse geben und 7 Min. langsam durchstocken lassen (Herdhitze klein stellen). Vorsichtig auf einen Teller stürzen und langsam umgedreht in die Pfanne zurückgleiten lassen. Dort nochmals 8 Min. stocken lassen.

MEIN TIPP

„Grundsätzlich eignen sich für Tortillas viele Gemüse, z. B. Oliven, Spinat, Zucchini oder Paprika. Wichtig ist, dass das Gemüse scharf angebraten wird und nicht mehr zu viel Wasser enthält, da die Tortilla sonst zerfällt."

THREE-SISTERS-STEW

4 Portionen | 1 Std. | kinderleicht

Olivenöl
1 Zwiebel
2 Knoblauchzehen
1 kleiner Hokkaido
2 frische Maiskolben (alternativ 1 Dose)
5 große Tomaten
1 Dose schwarze Bohnen
Salz, Pfeffer, ½ TL Rosmarin, ½ TL Thymian
etwas Brot

Eine schnelle Gemüsesuppe mit Bohnen, Mais und Kürbis. Warum „Drei Schwestern"? Der Steckbrief zur Gartenbohne (S. 48) verrät es!

Etwas Öl in einem mittelgroßen Topf erhitzen und die Zwiebelringe mit dem gehackten Knoblauch andünsten. Den entkernten und gewürfelten Kürbis samt Schale hinzugeben. Die Maiskörner von den Kolben schneiden und die Tomaten stückeln. Zusammen mit den Bohnen in den Topf geben und mit einer großen Tasse Wasser aufgießen. Die Suppe mit Deckel einkochen lassen. Zwischendurch nach Belieben 1–2 Tassen Wasser dazugeben.

35–45 Min. köcheln lassen und anschließend mit Salz, Pfeffer, Rosmarin und Thymian abschmecken und mit Brot servieren.

KÜRBIS-CARBONARA

4 Portionen | 25 Min. | leicht

½ Kürbis (Butternut oder Hokkaido)
1 Zwiebel
ggf. 3 Scheiben geräucherter Schinken
Butter
350 g Spaghetti
½ Becher Schlagsahne
½ Tasse Milch
1 Ei
Salz, Pfeffer, ggf. ½ TL Majoran oder Oregano
1 Spritzer Zitronensaft

Vorsicht, Kinder stürzen sich vielleicht darauf!

Kürbis entkernen und samt Schale in 1 cm große Würfel schneiden. Zwiebel und ggf. den Schinken klein schneiden und in Butter anschwitzen. Den Kürbis dazugeben und 7 Min. anbraten. Regelmäßig umrühren, damit nichts anbrennt.

Die Spaghetti in Salzwasser kochen und abgießen. Sahne und Milch mit dem Ei verquirlen und mit Salz, Pfeffer und nach Belieben Majoran oder Oregano würzen. Die Ei-Milch-Mischung und den Kürbis rasch unter die warmen Spaghetti heben. Mit Zitronensaft abschmecken. Sofort servieren.

TIPP: Dazu passt ein frischer Blattsalat. Aus Resten kann eine Frittata (S. 22) zubereitet werden.

ROTE-BETE-RISOTTO

4 Portionen | 30 Min. | leicht

1 Zwiebel
Olivenöl
250–300 g Risotto-Reis
100 ml Weißwein
1–2 faustgroße Rote Beten
ca. 1 l Gemüsebrühe
100 g geriebener Parmesan
Salz, Pfeffer

Ein absoluter Hingucker. Und dazu noch geschmacklich ein Highlight!

Die gewürfelte Zwiebel in Öl andünsten und den Risotto-Reis dazugeben. Mit dem Weißwein ablöschen und warten, bis dieser eingekocht ist. Die geraspelten Rote Beten dazugeben und mit der Gemüsebrühe nach und nach aufgießen, immer so viel, dass der Reis gerade bedeckt ist. Dabei regelmäßig umrühren und die Brühe einkochen lassen, bis sie aufgebraucht ist. Wenn der Reis gar ist, den Parmesan unterheben und mit Salz und Pfeffer abschmecken.

TIPP: Der typische Risotto-Geschmack entsteht erst durch Weißwein. Für kleine Kinder empfehlen wir, ihn durch Wasser zu ersetzen.

SCHARFER PEKINGKOHL-SALAT MIT LIMETTE

4 Portionen | 20 Min. | kinderleicht

1 Pekingkohl
½ Spitzkohl
Saft und Schale von
1 Bio-Zitrone und
1 Bio-Limette
1 TL Zucker
½ TL Salz
1 TL Chiliflocken
6 EL Olivenöl

Dieser Salat kann zackig scharf sein! Statt des Pekingkohls eignet sich auch Chinakohl.

Den Peking- und den Spitzkohl in feine Streifen schneiden. Den Spitzkohl evtl. etwas kneten oder mit dem Nudelholz überrollen, damit er weicher wird. Aus dem Limetten- und Zitronensaft sowie der Schale, Zucker, Salz, Chili und dem Öl ein Dressing herstellen. Alles über den Kohl geben, kurz durchziehen lassen und servieren.

ERDAPFEL TRIFFT LUFTAPFEL

KARTOFFELSUPPE MIT APFELKÜCHLEIN

4 Portionen | 45 Min. | leicht

Suppe:
½ Bund Suppengrün (Möhre, Knollensellerie, Lauch, Petersilie)
1 Zwiebel
Butter
1 kg Kartoffeln (halb/halb mehligkochende und vorwiegend festkochende)
1 l Gemüsebrühe
Salz, Pfeffer

Apfelküchlein:
2 säuerliche Äpfel (z. B. Boskoop, Cox Orange)
1 Ei
je 1 Prise Salz und Zucker
100 g Mehl
½ Tasse Milch
Butter

Kartoffel und Apfel, das passt einfach! Diese Kombination gibt es in weiteren typisch deutschen Gerichten, wie z. B. in Himmel und Erde.

Suppengrün klein schneiden. Die Zwiebel würfeln und in Butter andünsten. Suppengrün hinzufügen und kurz anbraten. Die geschälten, gewürfelten Kartoffeln dazugeben, kurz weiter anbraten und dann mit der Brühe aufgießen. 20–25 Min. köcheln lassen (die mehligkochenden Kartoffeln zerfallen mit der Zeit, sie machen die Suppe sämig. Die vorwiegend festkochenden bleiben in Form und machen die Suppe stückig). Gegebenenfalls am Ende 2–3 Mal mit dem Stampfer in die Suppe gehen, um sie noch sämiger zu machen. Mit Salz und Pfeffer würzen.

Für die Apfelküchlein das Kerngehäuse der Äpfel entfernen und die Äpfel in Ringe schneiden. Das Ei verquirlen, Salz und Zucker einstreuen und abwechselnd Mehl und Milch hinzugeben, bis ein dicker Pfannkuchenteig entsteht.

Die Äpfel durch den Teig ziehen und direkt in Butter ausbacken. Nur einmal wenden, sonst fällt der Teig leicht von den Äpfeln ab. Warm auf die Kartoffelsuppe legen und zusammen servieren.

„Die Apfelküchlein eignen sich auch als eigenes Gericht. Mit Zimt und Zucker oder mit Vanillesoße."

HERBSTSUPPE
MIT TOPINAMBUR & KÜRBISKERN-CROÛTONS

4 Portionen | 35 Min. | kinderleicht

Suppe:
Pflanzenöl
1 Zwiebel
1 Knoblauchzehe
1 Pastinake
300 g Topinambur
2 Möhren
½ kleiner Kürbis (z. B. Hokkaido)
4 mehligkochende Kartoffeln
½–1 l Gemüsebrühe
Salz, Pfeffer
ggf. etwas Zitronensaft
und Thymian

Croûtons:
2 Scheiben Brot vom Vortag
2 EL Kürbiskerne
Butter
Salz

Topinambur ist ein Knollengemüse und im Herbst mittlerweile auch in unseren Breitengraden in vielen Läden zu finden. Der milde erdig-süßliche Geschmack passt gut in diese zitronige Suppe mit den Wurzelgemüsen Pastinake und Möhre.

Öl in einem Topf erhitzen und die klein geschnittenen Zwiebeln und den gehackten Knoblauch glasig andünsten. Pastinake, Topinambur und Möhren in Scheiben schneiden, Kürbis (ggf. samt Schale) und die Kartoffeln würfeln und alles kräftig mit anbraten. Mit der Gemüsebrühe ablöschen. Das Ganze ca. 30 Min. köcheln lassen. Mit Salz, Pfeffer und ggf. Zitronensaft und Thymian abschmecken und anschließend pürieren.

Für die Croûtons die Brotscheiben in Würfel schneiden und zusammen mit den Kürbiskernen in einer Pfanne in Butter anrösten. Gerne mit etwas Salz bestreuen.

Die Croûtons auf die angerichtete Suppe geben und servieren.

KÜRBIS-BACKAPFEL-SOßE
MIT SPAGHETTI

4 Portionen | 30 Min. | leicht

1 großer Hokkaido
2 große, saure Äpfel
(z. B. Boskoop)
Olivenöl
½ TL Zimt
1 Knoblauchzehe
1 cm Ingwer
1 Zwiebel
1 ½ Tassen Wasser
1 Dose Kokosmilch
Salz, Pfeffer, Kräuter der Provence
300 g Spaghetti

Die Kombination aus Ingwer, Kokosmilch und Zimt hat schon fast etwas Weihnachtliches ...

Den Kürbis und die Äpfel entkernen, samt Schale klein schneiden und in eine feuerfeste Form geben. Großzügig Öl darüber verteilen und mit Zimt bestäuben. Circa 20 Min. bei 200 °C im Ofen backen, bis die Mischung durchgegart und karamellbraun angeröstet ist.

In der Zwischenzeit Knoblauch, Ingwer und Zwiebel fein schneiden und im Topf mit etwas Öl anbraten. Wenn die Kürbis-Apfel-Mischung durchgegart ist, zum Zwiebelgemisch hinzugeben und mit einem Kartoffelstampfer grob durchstampfen. Das Wasser und die Kokosmilch dazugeben und gut durchrühren. Mit Salz, Pfeffer und Kräutern der Provence abschmecken.

Die Spaghetti in Salzwasser kochen, abgießen und mit der Kürbis-Backapfel-Soße servieren.

GORGONZOLA – EINE RUND 1.000 JAHRE ALTE DELIKATESSE!

BIRNEN-LAUCH-QUICHE MIT GORGONZOLA

1 Blech | 45 Min. | leicht

- 1 ½-fache Menge Mürbeteig (S. 15)
- Butter
- 2 Stangen Lauch
- Olivenöl
- ½ Becher saure Sahne
- 2 Eier
- Salz, Pfeffer, Paprikapulver
- 4 reife Birnen
- 250 g Gorgonzola (oder anderer Blauschimmelkäse)

Dieses Gericht ist ein Knaller, da Birne, Lauch und Gorgonzola einfach gut zusammenpassen. Und es ist ganz leicht zuzubereiten!

Den Mürbeteig zubereiten und auf einem mit Butter gefetteten Blech ausrollen.

Den in kleine Ringe geschnittenen Lauch in Öl 3–5 Min. anbraten und etwas abkühlen lassen. Die saure Sahne, die Eier und die Gewürze dazugeben, mischen und alles auf dem Teig verteilen. Die in Spalten geschnittenen Birnen und den Gorgonzola darübergeben. Im vorgeheizten Backofen 30 Min. bei 180 °C backen.

„Lieber überreife statt zu harte Birnen verwenden. Weiche Birnen sind wichtig für den Geschmack!"

ASIATISCHE BRATNUDELN MIT PEKINGKOHL

3 Portionen | 25 Min. | leicht

- 250 g Mie-Nudeln
- 2 Möhren
- 2 Knoblauchzehen
- 4 Frühlingszwiebeln (alternativ 1 Stange Lauch)
- 1 Zwiebel
- 1 Kopf Pekingkohl
- 1 EL Mehl
- Sonnenblumenöl
- 4 EL Sojasoße
- Salz, Paprikapulver,
- 1 TL Chiliflocken
- 2 Eier

Für Kinder vielleicht den Chili weglassen.

Die Mie-Nudeln nach Packungsanleitung zubereiten.

Möhren und Knoblauch in feine Streifen, Frühlingszwiebeln und Zwiebel in Ringe und Pekingkohl in grobe Streifen schneiden.

Zwiebelringe im Mehl wenden, in einem Wok in Öl knusprig braten, herausnehmen und beiseitestellen. Möhren, Knoblauch und Frühlingszwiebeln mit der Sojasoße im Wok leicht einkochen. Mit dem Pekingkohl kurz kochen lassen. Kräftig mit Salz, Paprikapulver und Chili würzen, Nudeln hinzufügen und anbraten. Die verquirlten Eier auf die Bratnudeln geben und kurz stocken lassen. Vor dem Servieren die Zwiebeln darübergeben.

ROSA ROTE-BETE-SALAT

4 Portionen | 40 Min. | leicht

- 250 g Vollkornreis
- 1 große Rote Bete
- 2 Bio-Orangen
- 1 große Zwiebel
- 1–2 Knoblauchzehen
- 1 gelbe Paprika
- 3 EL Olivenöl
- 4 EL Branntweinessig
- Salz, Pfeffer
- 100 g Postelein

Dieser Salat schmeckt nicht nur toll, er ist auch noch ein Augenschmaus: Die Rote Bete färbt ihn hellrot, die Orangen, die gelben Paprika und der Postelein-Salat setzen kleine Kontrastpunkte.

Den Reis nach Packungsanleitung kochen. Nach etwa der halben Kochzeit die gewürfelte Rote Bete mitkochen, sodass sich der Reis rosa färbt. Alles in eine große Glasschale zum Abkühlen geben.

Die Schale von einer Orange reiben und die Frucht filetieren, die zweite Orange auspressen. Zwiebel, Knoblauch und Paprika klein schneiden. Alles unter den Rote-Bete-Reis heben.

Zum Schluss mit Öl, Essig, Salz und Pfeffer abschmecken und den Postelein darüberstreuen.

PEKINGKOHL-ERDNUSSTOPF

4 Portionen | 30 Min. | kinderleicht

- 300 g Reis
- 1 Zwiebel
- 1 Knoblauchzehe
- Pflanzenöl
- ½ Pekingkohl
- 1 Paprika
- 2–3 EL Erdnussbutter
- Salz, Pfeffer,
- 1–2 TL Currypulver
- Saft einer ½ Zitrone

Die Erdnusscreme macht das Gericht nahrhaft und die Zitrone erfrischt.

Den Reis nach Packungsanleitung kochen.

Zwiebel und Knoblauch würfeln und in Öl anbraten, bis es duftet. Pekingkohl und Paprika klein schneiden und hinzugeben. Etwas Wasser hinzufügen und Erdnussbutter einrühren. Mit Salz, Pfeffer, Curry und Zitronensaft abschmecken und unter den Reis heben. Fertig!

TIPP: Funktioniert auch mit braunen Champignons, Orangenschale, Möhre und gerösteten Erdnüssen.

ROTE-BETE-MÖHREN-SALAT

2 Portionen | 10 Min. | kinderleicht

- 1 Rote Bete
- 1 Apfel
- 3 Möhren
- 1 EL Apfelessig
- 1 kräftiger Schuss Apfelsaft
- 1 EL Sonnenblumenöl
- Salz, Pfeffer

Dieser Salat lebt davon, dass er schön saftig ist. Das Süßliche des Apfels macht ihn auch für viele Kinder attraktiv. Das Öl ist wichtig, um das Vitamin A aus den Möhren aufzuschließen.

Die rohe Rote Bete, den Apfel und die Möhren raspeln. Mit Essig, Apfelsaft und Öl sowie Salz und Pfeffer kräftig abschmecken.

RISOTTO EINFACH MAL MIT HIRSE

FENCHEL-HIRSOTTO
MIT NUSSMÖHRCHEN & KALTER TOMATENSOßE

4 Portionen | 50 Min. | leicht

Fenchel-Hirsotto:
1 Fenchel
1 kleine Zwiebel
Olivenöl
400 ml Gemüsebrühe
200 g Hirse
2 EL Mandelmus
Salz, Pfeffer

Nussmöhrchen:
70 g Mandelstifte
400 g Möhren
Olivenöl
1 EL Agavensirup/Honig
Salz, Pfeffer, Oregano

Kalte Tomatensoße:
1 Knoblauchzehe
1 kleine Zwiebel
1 Flasche passierte Tomaten
1 EL Olivenöl
2 EL Weißweinessig
Salz, Pfeffer, italienische Kräuter

Dieses Gericht ist ein Kuschelessen: weich, warm, und man schmeckt die Aromen des Herbstes ab dem ersten Biss. Dank der Tomatensoße ist es dennoch erfrischend.

Fenchel-Hirsotto
Fenchel und Zwiebel klein schneiden und in Olivenöl anbraten. Mit der heißen Gemüsebrühe ablöschen. Die Hirse unterrühren und ca. 15–20 Min. bei schwacher Hitze köcheln lassen. Wenn alles gar ist, das Mandelmus dazugeben. Mit Salz und Pfeffer würzen.

TIPP: Das Hirsotto kann auch mit geriebenem Parmesan oder Hefeflocken und Basilikum abgeschmeckt werden. Auch ein Schuss (Soja-)Sahne passt dazu!

Nussmöhrchen
Die Mandeln ohne Fett in einer beschichteten Pfanne anrösten, bis sie goldbraun sind. Nun die Möhren in feine Stifte schneiden und in Öl anbraten. Sobald die Möhren weich sind, den Agavensirup bzw. Honig darübergeben und karamellisieren lassen. Anschließend die Mandelstifte hinzugeben und mit Salz, Pfeffer und Oregano abschmecken.

Kalte Tomatensoße
Knoblauch und Zwiebel fein hacken und zusammen mit den passierten Tomaten in ein Gefäß geben. Öl und Weißweinessig dazugeben und mit Salz, Pfeffer und den Kräutern abschmecken.

IDEEN ZUM ABENDBROT

je ca. 500 ml |
20 Min. bzw. 1 Std. | leicht

Kürbismus:
½ Hokkaido
2 EL Sesammus (Tahin)
2 EL Olivenöl
1 TL Essig
2 EL Petersilie (frisch oder TK)
Salz, Pfeffer, Currypulver, 1 Prise

Rote-Bete-Streich:
250 g Rote Bete
150 g Sonnenblumenkerne
1 TL Senf
2 EL Sonnenblumenöl
Salz, Pfeffer
ggf. 1 Apfel
ggf. etwas frischer Dill

Zu der Jahreszeit passen herbstlich bunte Streichcremes aus püriertem Gemüse und Nüssen. Dazu ein kräftiges Vollkornbrot, und wir sind satt und glücklich!

Kürbismus
Kürbis entkernen, samt Schale würfeln und in Salzwasser 5–10 Min. garen, bis er weich ist, aber noch nicht zerfällt. Durch ein Sieb abgießen. Mit Sesammus, Öl, Essig und Petersilie pürieren und mit den Gewürzen abschmecken.

TIPP: Dazu schmeckt etwas klein geschnittener Knoblauch (unter das Mus gehoben) oder auch in der Pfanne geröstete Sonnenblumenkerne (über den fertigen Aufstrich gestreut).

Rote-Bete-Streich
Rote Bete in Wasser ca. 40 Min. garen. Dann abgießen, schälen (mit Handschuhen) und in kleine Stücke schneiden. Es kann auch vakuumierte, vorgekochte Rote Bete verwendet werden. Die Sonnenblumenkerne mit der Roten Bete, dem Senf, dem Öl, Salz und Pfeffer pürieren. Wer mag, kann auch noch einen Apfel raspeln und nach dem Pürieren unterheben und/oder frischen Dill klein hacken und vor dem Servieren großzügig über den Aufstrich streuen.

Als **Rohkost** passen **Stoppelrüben, Äpfel, Birnen, Möhren.**

Ein toller, passender Salat, der ruckzuck gemacht ist und gerade auch von Kindern gerne gegessen wird: der Rote-Bete-Möhren-Salat (S. 95).

Reste von Quiches oder Tortillas ergänzen jeden Abendbrottisch.

WINTER

Die graue, kalte und dunkle Zeit der Wintermonate Dezember, Januar und Februar lädt eigentlich zu Ruhe ein. Aufgrund von Weihnachtseinkäufen, Jahresabschlüssen und kranken Kindern ist uns dies jedoch oft nicht vergönnt. Auf dem Acker hingegen ist wirklich Ruhe eingekehrt. Das meiste regionale Obst und Gemüse kommt jetzt aus Lagerbeständen. Frostharten Lauch, Pastinaken, Grünkohl, einige Endivien oder Postelein können wir am längsten frisch vom Acker in die Küche holen oder auf dem regionalen Gemüsemarkt kaufen – Wintergemüse, mit dem man tolle Gerichte kochen kann. Ein geschmackliches Highlight ist natürlich auch der Feldsalat – ein wahrer Grund, sich auf diese Jahreszeit zu freuen. Auch wenn er wegen des aufwendigeren Waschens etwas „benutzerunfreundlich" ist, sollte man viel davon essen, denn er ist ein wahrer Vitamin-C-Lieferant und schmeckt toll nussig.
Mit unseren Rezepten zaubern wir aus typischem Lagergemüse wie Möhren, Sellerie, Kohl und Pastinaken wohlschmeckende, warme Gerichte und verarbeiten letzte Salate vom Acker. Hülsenfrüchte, wie Kichererbsen und weiße Bohnen, als typische Bestände aus dem Vorratsschrank ergänzen gut das eine oder andere Gericht. Und hin und wieder verwenden wir frisches Gemüse und Obst, wie Paprika, Orange oder Zitrone!

GEMÜSE-STECKBRIEFE WINTER

KOPFKOHL

Weiß-, Rot- und Wirsingkohl bilden fast fußballgroße „Köpfe" aus und zählen deshalb zum Kopfkohl.

Verarbeitung: Kopfkohl passt gut zu Rohkostsalaten, z. B. mit Äpfeln und Nüssen. Gekocht schmeckt er als Beilage, z. B. als Rotkraut. Aus Weißkohl wird das in alle Welt exportierte Sauerkraut hergestellt.

Inhaltsstoffe: Kopfkohl enthält viel Vitamin C. Die sekundären Pflanzenstoffe, z. B. Flavonoide, sollen freie Radikale und Zellgifte binden können und somit als Antioxidantien krebshemmend wirken.

Tipps zur Lagerung: Kopfkohl am besten kühl, feucht und luftig lagern. Er ist mind. 4 Wochen haltbar.

Erntesaison: September bis Dezember

- Mit dem Verzehr des lange haltbaren, vitaminreichen Kopfkohls beugten Seefahrer auf langen Schiffsreisen Krankheiten vor.
- In Dithmarschen, dem größten Kohlanbaugebiet Deutschlands, werden auf ca. 2.500 ha etwa 80 Mio. Kohlköpfe angebaut.

SCHWARZWURZEL & HAFERWURZ

Beide Wurzeln sind miteinander verwandt und typische Wintergemüse. Haferwurz wurde über viele Jahrhunderte in Deutschland angebaut, heute ist sie hier aber kaum noch bekannt.

Verarbeitung: Die harte braune Rinde muss vor der Verwendung entfernt werden. Dabei sind wegen des äußerst klebrigen Milchsafts Handschuhe empfehlenswert. Damit die geschälten weißen Wurzeln nicht gleich braun werden, sollten sie bis zur Verarbeitung in Essig- oder Zitronenwasser gelegt werden.

Inhaltsstoffe: Die Wurzel besteht zu 94 % aus Wasser und enthält Inulin, das den Blutzuckerspiegel senkt. Weitere Stoffe wie Mangan, Kupfer und Eisen unterstützen die Entgiftung und fördern die Blutbildung.

Tipps zur Lagerung: Frische Wurzeln sind gekühlt, am besten in Sand, bis zu einer Woche lagerfähig.

Erntesaison: Oktober bis März

- Beide Arten sind mit dem Salat, dem Löwenzahn und der Sonnenblume verwandt.
- Die Schwarzwurzel wird auch „Winterspargel" genannt.
- In England wird die Haferwurz auch liebevoll „vegetable oyster" (Gemüseauster) genannt, da ihr feiner Geschmack an Austern erinnert.

Haferwurz

Schwarzwurzel

Kopfkohl

Haferwurz

PASTINAKE

Ein vergessenes Wurzelgemüse, das auch wild an Wiesen und Böschungen anzutreffen ist.

Verarbeitung: Pastinaken werden roh, gekocht, frittiert, gebraten oder als Püree gegessen. Sie eignen sich für Salate und passen auch klassisch zu Eintöpfen und Suppen. Durch ihren süßen Geschmack gibt es sogar diverse Dessertvariationen.

Inhaltsstoffe: Pastinaken sind reich an Stärke und Zucker.

Tipps zur Lagerung: Pastinaken halten sich feucht eingewickelt im Kühlschrank etwa 2–3 Wochen. In Sand eingebettet und kalt gelagert hält sie sich sogar ein paar Monate. Am besten aber schmeckt sie frisch geerntet (sie verträgt Frost).

Erntesaison: Oktober bis März

- Bis ins 18. Jahrhundert waren Pastinaken Grundnahrungsmittel und wurden dann erst von Kartoffeln und Möhren abgelöst.
- Pastinaken wurden während der großen Pestepidemie im 14. Jahrhundert gegessen. So bekam sie den Beinamen „Pestnacke".
- In England röstet man Pastinaken im Ofen und karamellisiert sie anschließend mit Honig.
- Die Blätter der Pastinake sind phototoxisch: Ihr Saft kann zusammen mit Sonne zu Verbrennungen auf der Haut führen.

TOPINAMBUR

Topinambursirup wird als Süßungsmittel verwendet. Der Geschmack der Knolle erinnert an Artischocke und Pastinake.

Verarbeitung: Topinambur lässt sich sowohl roh, gebacken als auch gekocht genießen. Die Knollen sollten geschält oder kräftig geschrubbt werden.

Inhaltsstoffe: Die Knolle enthält Inulin, das blutzuckerneutral ist, sowie Mineralien wie Silizium, Kalzium, Eisen und Mangan.

Tipps zur Lagerung: Die Knollen halten sich ungewaschen besser, in Sand gelagert bis zu drei Monate.

Erntesaison: Oktober bis März

- Topinambur ist mit der Sonnenblume verwandt.
- Die Fasern der Knolle quellen im Magen und werden gerne als Appetitzügler eingesetzt.
- Es gibt einen Topinambur-Verdauungsschnaps.
- Topinambur kann in größeren Mengen genossen zu starken Blähungen führen.

KÜCHENZWIEBEL

Die Küchenzwiebel gibt es sowohl rot- als auch weißfleischig. Auch die Schalotten bzw. Kartoffelzwiebeln gehören zu ihnen. Außerdem werden die Blätter der Winterhecke- oder Frühlingszwiebel verwendet.

Verarbeitung: Zwiebeln gelten als Zartmacher von Fleisch. In Butter angeschwitzt, verlieren sie ihre Schärfe, behalten aber ihren typischen Geschmack und geben vielen Gerichten Würze.

Inhaltsstoffe: Die schwefelhaltigen Inhaltsstoffe der Zwiebeln haben eine antiseptische Wirkung. Deswegen sind Zwiebeln schon lange Hausmittel bei Erkältungen und Entzündungen.

Tipps zur Lagerung: Wenn Zwiebeln trocken, luftig und kühl gelagert werden, halten sie sich bis zu 200 Tage und gehören somit zu den Gemüsearten mit der längsten Lagerdauer.

Erntesaison: Mai bis Oktober

- Die Zwiebel wird seit mehr als 5.000 Jahren als Heil-, Gewürz- und Gemüsepflanze kultiviert.
- Die Speisezwiebel nimmt 8 % der Anbaufläche in Deutschland ein.

LAUCH

Eine andere Bezeichnung für Lauch ist Porrée. Sie wurde bis in die 1970er-Jahre hauptsächlich verwendet.

Verarbeitung: Lauch kann komplett verwertet werden, die grünen Teile schmecken dabei etwas kräftiger. Er ist wichtiger Bestandteil des Suppengrüns. Die weißen zarten Ringe sind typische Zutaten einer Lauchtarte.

Inhaltsstoffe: Lauch hat eine entschlackende Wirkung, er regt die Nierentätigkeit an und beugt der Bildung von Nierensteinen vor. Auch ist er reich an Vitaminen und Mineralstoffen.

Tipps zur Lagerung: Luftig, schattig und kühl lässt sich Lauch bis zu drei Wochen lagern.

Erntesaison: September bis März

- Aufgekocht in Milch mit Honig ist der Lauch ein Hausmittel bei Husten.
- Es gibt Sommerlauch und frostharte Wintersorten.

SALATE IM WINTER

Salate, die noch in den Winter hinein geerntet werden können, sind Endivien und Zichorien sowie Feldsalat.

ENDIVIE UND ZICHORIE

Auch Chicorée gehört zu den Zichorien.

Verarbeitung: Da diese Salate einen etwas bitteren Geschmack haben, werden sie gerne in Suppen oder im Risotto verarbeitet. In warmes Wasser eingelegt, verringert sich die bittere Note etwas. So oder in Mischung mit Gartensalat eignen sich die Salate hervorragend als Rohkost.

Inhaltsstoffe: Der typische Milchsaft der Zichorie und Endivie beinhaltet einen Bitterstoff (Lactucopikrin), der bei Malaria helfen soll.

Tipps zur Lagerung: Eingeschlagen in ein feuchtes Tuch halten sich die Köpfe 2–3 Tage im Kühlschrank. Durch Lichtausschluss kann das Gelbwerden des Herzens noch gefördert werden.

Erntesaison: September bis Oktober

- Zichoriensalate stammen alle von der Wegwarte, einer blauen Blume an Wiesenrändern, ab.
- Aus der Wurzelzichorie wird Ersatzkaffee gemacht, der Getreide- oder Malzkaffee .
- Im Mittelalter schrieb man dem Milchsaft der Salatzichorien Liebeszauber zu.
- Die Endivie kann noch auf 2.000 m über dem Meeresspiegel angepflanzt werden.

FELDSALAT

Feldsalate sind eine ganz eigene Gruppe (Gattung) kleiner Rosettenpflanzen und wurden früher wild geerntet.

Verarbeitung: Feldsalat ist sehr aromatisch. Im Geschmack erinnert er ein wenig an Baldrian, mit dem er verwandt ist. Da er sehr frostbeständig ist, kann er den ganzen Winter über geerntet werden.

Inhaltsstoffe: Vitamin C, Folsäure

Tipps zur Lagerung: Feldsalat ist nach der Ernte sehr empfindlich. In leicht feuchtes Papier eingewickelt, hält er sich im Kühlschrank nur wenige Tage. Schlechte Blätter sollten entfernt werden. Leicht welker Feldsalat kann wieder frisch werden, wenn man ihn in Wasser legt.

Erntesaison: Oktober bis März

- Feldsalat wird auch Rapünzchen und Mausohrsalat genannt.
- Er enthält doppelt so viel Vitamin C wie ein Kopfsalat.
- Es gibt über 80 Feldsalatarten auf der Welt.

ROSENKOHLPFANNE MIT APFEL, HASELNUSS & INGWER

4 Portionen | 25 Min. | leicht

400 g Vollkornnudeln
200 g Haselnüsse
1 große Zwiebel
2 Knoblauchzehen
Olivenöl
500 g Rosenkohl
1 cm Ingwer
Salz, Pfeffer, 1 Prise Zimt
1 kleiner Apfel

So knusprig gebraten mögen den Rosenkohl viele, die ihn sonst nicht so gerne essen.

Die Vollkornnudeln in Salzwasser kochen.

Währenddessen in einer beschichteten Pfanne die gehackten Haselnüsse ohne Fett goldbraun anrösten und vom Herd nehmen. In der noch heißen Pfanne die gewürfelte Zwiebel mit dem gepressten Knoblauch in Öl anbraten. Den Rosenkohl und den geriebenen Ingwer hinzugeben und mitbraten. Mit Wasser ablöschen. Den Rosenkohl in der Pfanne mit geschlossenem Deckel 5–10 Min. bissfest garen. Die abgegossenen Nudeln dazugeben, mit Salz, Pfeffer und Zimt würzen und den Apfel in feinen Spalten hinzufügen. Mit den Haselnüssen bestreuen.

TIPP: Dip (S. 24). Zum Ablöschen eignet sich auch Weißwein (für Erwachsene).

MÖHRENSALAT MIT SESAM

4 Portionen | 30 Min. | kinderleicht

Vinaigrette (S. 18)
1 EL Dijonsenf
frische Kräuter (z. B. Schnittlauch und Petersilie)
2 EL Sesamsaat
7 Möhren

Dieser Salat hat das Potenzial, regelmäßig auf dem Abendbrottisch zu stehen. Er ist sehr schnell zubereitet, und viele Kinder mögen ihn.

Für das Dressing die Vinaigrette mit dem Senf und den gehackten Kräutern in einer Salatschüssel anrühren.

Den Sesam in einer beschichteten Pfanne ohne Fett anrösten, bis er zu duften beginnt. Die Möhren hobeln und mit der Vinaigrette und dem gerösteten Sesam in der Schüssel mischen.

TIPP: Darübergebröselter Feta rundet den Salat ab!

SCHNELLE MAULTASCHENSUPPE

3 Portionen | 10 Min. | kinderleicht

- 1 Zwiebel
- Butter
- 2 Möhren
- 1 l Gemüsebrühe
- 6 Maultaschen

Der Retter bei Hungernotstand! Das Gericht ist mehr als einfach und dauert mit Vorbereitung keine Viertelstunde. Ein absoluter Favorit vieler Kinder.

Die in Würfel geschnittene Zwiebel in Butter glasig dünsten. Dann die grob geraspelten Möhren hinzufügen. Mit der heißen Gemüsebrühe aufgießen und die in Würfel geschnittenen Maultaschen dazugeben. Kurz sieden lassen. Fertig!

GEMÜSE-CHIPS

4 Portionen (Beilage) | 15 Min. | leicht

- 2 große Kartoffeln
- 1 Pastinake
- 100 g Topinambur
- 1 große Rote Bete
- 1 l hoch erhitzbares, neutrales Pflanzenöl
- Salz
- je 1 TL Fenchel-, Kreuzkümmel- und Koriandersamen

Hach, Gemüse muss nicht immer schlank machen!

Das Gemüse in dünne, gleichmäßige Scheiben schneiden und das Öl in einem kleinen Topf erhitzen. Wenn das Öl heiß genug ist, eine Handvoll Gemüse in den Topf geben und knusprig braun frittieren. Dabei aufpassen, dass nicht zu viel Gemüse auf einmal frittiert wird, da dann das Öl zu stark abkühlt, die Scheiben weich werden und zusammenkleben.

Sobald die Chips die gewünschte Knusprigkeit erreicht haben, zum Abtropfen auf Küchenkrepp geben. In einer Schüssel salzen und mit den zerstoßenen Samen bestreuen.

TIPP: Geht auch mit bunten Kartoffeln. Dazu passt gut der schnelle Joghurt-Dip (S. 24).

PUDELWOHL MIT ROSENKOHL

ROSENKOHL-HASELNUSS-TARTE

4 Portionen | 1 Std. | leicht

- 1 Mürbeteig (S. 15)
- Butter
- 300 g Rosenkohl
- 1 Becher saure Sahne
- ½ Becher Schlagsahne
- 3 Eier
- Kräutersalz, Pfeffer
- 2 EL gehackte Haselnüsse

Viele Kinder mögen keinen Rosenkohl. In diesem Gericht ist sein Geschmack nicht so dominant. Deswegen wird er ihnen hier bestimmt schmecken!

Den Mürbeteig zubereiten und in einer mit Butter gefetteten Tarte- oder Springform auslegen.

Den Rosenkohl kurz blanchieren, die Kohlköpfchen halbieren und dann auf dem Teig verteilen.

Aus der sauren Sahne, der Schlagsahne und den Eiern eine Masse herstellen und mit Kräutersalz und Pfeffer würzen. Diese auf dem Rosenkohl verteilen. Die gehackten Haselnüsse auf die Tarte streuen und im vorgeheizten Backofen bei 180 °C 40 Min. backen.

Alternativ zu den gehackten Haselnüssen machen sich Mandeln gut.

MEIN TIPP

„Dazu passt der Selleriesalat mit Joghurt und Apfel sehr gut (S. 119)!"

vegan

CASHEW-BUTTERNUT-SOẞE MIT KNOBLAUCHNUDELN

4 Portionen | 2 Std. 30 Min. | leicht

- 100 g Cashewkerne
- 500 g Butternutkürbis
- Olivenöl
- 1 rote Zwiebel
- 1 EL weißer Balsamicoessig
- Salz, Pfeffer, 1 Prise Zucker
- 250 g Spaghetti
- 1 Knoblauchzehe
- 1 Mozzarella
- Blätter von 2 Stielen Basilikum

Zu Beginn des Winters gibt es oft noch viele Kürbisse – perfekt für dieses „Wohlfühlgericht".

Die Cashewkerne mind. 2 Std. in Wasser einweichen.

Den Kürbis entkernen, schälen, würfeln und in etwas Öl bei mittlerer Temperatur langsam goldbraun braten. Währenddessen die Cashewkerne mit ca. 200 ml Wasser mixen, bis eine glatte Soße entsteht.

Wenn der Kürbis gar ist, die Cashewsoße und die gewürfelte Zwiebel hinzufügen und mitköcheln lassen, bis der Kürbis anfängt, zu zerfallen. Anschließend mit Essig, Salz, Pfeffer und Zucker abschmecken.

Die Nudeln in Salzwasser kochen, abgießen und zur Seite stellen. In dem leeren Nudeltopf etwas Öl erhitzen und den fein gewürfelten Knoblauch darin anbraten. Die Nudeln dazugeben, in dem Knoblauchöl wenden und etwas salzen. Kürbissoße hinzugeben und den grob geschnittenen Mozzarella unter die heißen Nudeln heben. Mit frischen Basilikumblättern garnieren.

TIPP: Für Erwachsene können die Cashewkerne auch mit einer Mischung aus Wasser mit etwas Weißwein gemixt werden.

WIRSINGPLÄTZCHEN
MIT GEBRATENEM KNOLLENZIEST

4 Portionen | 40 Min. | leicht

Wirsingplätzchen:
300 g Wirsing
Pflanzenöl
2 Möhren
1 Zwiebel
2 EL Magerquark
3–4 EL Semmelbrösel
80 g geriebener Parmesan
Salz, Pfeffer, Paprikapulver
Butter

Knollenziestgemüse:
400 g Knollenziest
Butter
Salz, Pfeffer
ggf. 1 Spritzer Zitronensaft

Dieses Gericht ist durch den Knollenziest etwas Besonderes. Da dieser Kartoffeln ein wenig ähnelt (nur viel feiner!), kann er aber unproblematisch durch sie ersetzt werden.

Wirsingplätzchen
Den in Streifen geschnittenen Wirsing in Öl dünsten. Dann fein hacken. Möhren raspeln und Zwiebel in Würfel schneiden. Zusammen mit dem Wirsing, Quark, den Semmelbröseln und dem Parmesan eine Masse herstellen, mit den Gewürzen abschmecken und 10 Min. ruhen lassen. Danach ca. 5 cm große Plätzchen formen und auf einem mit Butter gefetteten Backblech ca. 20 Min. bei 180 °C backen.

Knollenziestgemüse
Den Knollenziest in Butter 3–5 Min. anbraten. Mit Salz, Pfeffer und evtl. etwas Zitronensaft abschmecken.

TIPP: Zu dem Gericht passt hervorragend ein Feldsalat!

OBSTSALAT MIT TOPINAMBUR & GEBRATENEM HOKKAIDO

vegan

4 Portionen (Dessert) | 2 Std. 20 Min. | kinderleicht

100 g Cashewkerne
Saft und Schale von
1 Bio-Zitrone
1 EL Vanillezucker
½ kleiner Hokkaido
Margarine
1 EL brauner Zucker
1 Birne
1 Orange
1 Banane
1 großer Apfel
100 g Topinambur
50 g Zartbitterschokolade
50 g gehackte Mandeln

Die Kombination von Topinambur, der bitteren Schokolade und dem Hokkaido ist besonders! Statt der Cashewsahne passen auch 100 ml geschlagene Sahne.

Die mind. 2 Std. lang eingeweichten Cashewkerne abgießen und mit der Hälfte des Zitronensafts, der abgeriebenen Zitronenschale und dem Vanillezucker pürieren.

Den Hokkaido entkernen, würfeln (samt Schale) und in Margarine 5 Min. braun anbraten. Mit Zucker bestreuen und karamellisieren lassen. Obst und Topinambur würfeln und mit dem Kürbis in eine Schale geben. Mit dem restlichen Zitronensaft, der gehackten Schokolade und den ohne Fett gerösteten Mandeln mischen. Kurz vor dem Servieren die Cashewsahne unterheben. Kalt genießen.

GEBRATENER SALAT MIT MANDEL-VINAIGRETTE

vegan

2–3 Portionen (Vorspeise) | 2 Std. 15 Min. | leicht

100 g Mandeln
1 großer Römersalat
(alternativ Spinat, Chicorée
oder andere Salatsorten)
Olivenöl
Salz, Pfeffer
1 Knoblauchzehe
Blätter von 1 Stiel Basilikum
1 EL Essig
½ frisches Ciabatta

Eignet sich als kleine, aber feine Vorspeise.

Die Mandeln mind. 2 Std. in Wasser einweichen.

Den Salat in einer Pfanne in Öl kurz und scharf anbraten, bis er zusammenfällt. Die Pfanne vom Herd nehmen und den Salat mit Salz und Pfeffer würzen.

Die Mandeln abgießen und mit Knoblauch, Basilikum, Essig und 2 EL Öl fein pürieren. Mit Salz und Pfeffer abschmecken. Falls die Masse zu fest ist, etwas Wasser dazugeben.

Den gebratenen Salat auf dem Ciabatta angerichtet servieren.

FELDSALAT MIT HONIG-ZITRONIG MARINIERTER SCHWARZWURZEL

4 Portionen | 2 Std. 30 Min. | leicht

4 Schwarzwurzeln	Vinaigrette (S. 18)
5–6 TL Zitronensaft	250 g Feldsalat
1 TL Honig	
Salz, Pfeffer	

Die harte Arbeit des Schwarzwurzelschälens wird bei diesem einfachen, aber tollen Salat belohnt! Die Wurzel kommt gut zur Geltung und der Salat bietet etwas Frisches in der vitaminarmen Zeit.

Die Schwarzwurzel schälen und sofort in Wasser mit ca. 1 TL Zitronensaft legen, damit sie nicht braun wird. Anschließend 3 Min. blanchieren.

Aus etwa 4–5 TL Zitronensaft und dem Honig eine Marinade herstellen und mit Salz und Pfeffer abschmecken. Darin die noch warmen, in ca. 5 cm lange Stücke geschnittenen Schwarzwurzeln 2 Std. einlegen.

Kurz vor dem Servieren die Vinaigrette herstellen, auf den Feldsalat geben und die marinierten Schwarzwurzeln darauf anrichten.

TIPP: Wer Lust auf eine doppelte Portion Schwarzwurzeln hat, kann den Salat mit dem Schwarzwurzel-Gratin (S. 117) kombinieren.

KARAMELLISIERTE YACÓNWURZEL MIT ERDMANDEL-SPLITTERN

3 Portionen (Dessert) | 20 Min. | leicht

1 Yacónwurzel	2 EL Erdmandeln
Butter	
1 EL Honig	
1 Spritzer Zitronensaft	

Die Yacónwurzel schmeckt ein wenig nach Birne, ist aber fester. Daher eignet sie sich hervorragend für diesen kleinen Nachtisch.

Die Wurzel schälen und in 3 cm große Würfel schneiden. In einer Pfanne die Butter zerlassen und darin die Würfel anbraten. Wenn die Kanten beginnen, braun zu werden, den Honig darübergeben und karamellisieren lassen.

Am Ende einen Spritzer Zitronensaft hinzugeben und die gehobelten Erdmandeln darüberstreuen.

TIPP: Alternativ können für die Erdmandeln Mandelsplitter genommen werden, und der Salat kann natürlich mit allerlei Obst ergänzt werden.

SCHWARZWURZEL-GRATIN MIT WINTERSALAT

4 Personen | 1 Std. | leicht

Gratin:
500 g Schwarzwurzeln
Saft von ½ Zitrone
4 Kartoffeln
(vorwiegend festkochend)
100 ml Schlagsahne
100 ml Milch
100 ml Gemüsebrühe
Salz, Pfeffer
Butter
100 g geriebener Pecorino
oder Parmesan

Wintersalat:
1 Endiviensalat
3 Handvoll Feldsalat
Vinaigrette (S. 18)
1 TL Senf

Da die Zubereitung von Schwarzwurzeln recht aufwendig ist, sollte man dieses Gemüse in Reinform oder nur mit Kartoffeln essen, um den Geschmack und damit den Aufwand zu würdigen.

Die Schwarzwurzeln schälen, in ½ cm dicke Scheiben schneiden und sofort in Zitronenwasser legen, damit sie nicht braun werden. Die Kartoffeln schälen und in sehr feine Scheiben schneiden. Aus der Sahne, der Milch und der Brühe eine Soße herstellen und diese mit Salz und Pfeffer abschmecken.

Nun in einer mit Butter gefetteten Auflaufform immer im Wechsel eine Schicht Schwarzwurzeln und Kartoffeln legen und eine Schicht Soße gießen. Am Ende mit Pecorino oder Parmesan bestreuen. 30 Min. bei 180 °C backen.

Für den Wintersalat die Endivie in Streifen schneiden und mit dem Feldsalat mischen. Die Vinaigrette mit dem Senf zubereiten und mit dem Salat anrichten.

UNSER TIPP

„Die Schwarzwurzel kann auch durch Haferwurz ersetzt werden."

TAGLIATELLE MIT LAUCH, ROTEN LINSEN & CURRY

4 Portionen | 30 Min. | leicht

- 2–3 Stangen Lauch
- 1 Knoblauchzehe
- Olivenöl
- ½ Tasse rote Linsen
- 2 TL mildes Curry
- 1 Tasse Gemüsebrühe
- 10–12 Nester Tagliatelle
- 70 ml Schlagsahne
- 1 Spritzer Zitronensaft
- Salz, Pfeffer

Ein schnelles Gericht, das gut geeignet ist für große Familienportionen. Einfach die Menge verdoppeln.

Den Lauch in Ringe schneiden. Zusammen mit dem Knoblauch in Öl andünsten. Sobald die Flüssigkeit verdunstet ist, die roten Linsen und das Currypulver darübergeben und mit der Gemüsebrühe aufgießen. Circa 15 Min. köcheln lassen.

Tagliatelle-Nester in Salzwasser al dente kochen.

Zu dem fertig gekochten Lauchgemüse die Sahne hinzufügen. Mit Zitronensaft, Salz und Pfeffer abschmecken und auf die Tagliatelle geben.

KARTOFFEL-WIRSING-EINTOPF

4 Portionen | 45 Min. | leicht

- 700 g Kartoffeln
- 70 g gewürfelter Speck
- 1 Zwiebel
- Sonnenblumenöl
- 1 Wirsing
- ca. 500 ml Gemüsebrühe
- 100 ml Schlagsahne
- Salz, Pfeffer

Dank der Kartoffeln ein sättigendes Eintopf-Gericht.

Die Kartoffeln schälen und würfeln. Den Speck mit der gehackten Zwiebel in einem großen Topf in Öl anbraten. Sobald die Zwiebel glasig ist, den in Streifen geschnittenen Wirsing und die Kartoffeln dazugeben und 2 Min. mit anbraten. Mit Brühe ablöschen und den Deckel schließen. Das Ganze für mind. 20 Min. köcheln lassen.

Wenn der Wirsing gar ist, die Sahne hinzugeben und kurz aufkochen lassen. Mit Salz und Pfeffer abschmecken und servieren.

TIPP: Für Erwachsene können 200 ml der Brühe auch durch Weißwein ersetzt werden. Auch Muskat passt!

APFELCHUTNEY

5–7 Gläser | 1 Std. 30 Min. | kinderleicht

- 1 Bio-Zitrone
- 1 Knoblauchknolle
- 5 Tassen Apfelstückchen
- 2 Paprika (1 rot, 1 gelb)
- ¼ Tasse Zucker
- 1 ½ Tassen Rosinen
- 120 g Ingwerstückchen in Zucker
- 1 ½ TL Salz
- 1 TL Paprikapulver
- 300 ml Weinessig

Toll an diesem Rezept ist die Möglichkeit, alte Äpfel zu verwerten, gerade im Januar oder Februar, wenn die Lagerbestände unansehnlich geworden sind.

Die Zitrone schälen und klein schneiden, die Zitronenschale fein würfeln. Auch das restliche Obst und Gemüse klein schneiden. Alle Zutaten mischen und 45 Min. bei offenem Deckel einkochen lassen. Wer's mag, kann die Masse gerne etwas pürieren. Die Zitronenschale kann alternativ auch im Ganzen mitgekocht und anschließend entfernt werden.

Noch heiß in saubere Gläser abfüllen. Hält sich Jahre.

TIPP: Das Chutney macht jedes vermeintlich langweilige Gouda-Brot spannend!

SELLERIESALAT
MIT JOGHURT & APFEL

4 Portionen (Beilage) | 1 Std. 15 Min. | kinderleicht

- 1 kleine Sellerieknolle
- 1 saurer Apfel (z. B. Boskoop)
- Saft von 1 Zitrone
- ½ Becher saure Sahne
- 500 ml Joghurt (natur)
- 1 TL Zucker
- Salz, Pfeffer
- 1 Handvoll gehackte Walnüsse

Viele kennen diesen Salat mit Mayonnaise und Mandarine als Waldorfsalat. Hier eine etwas schlichtere Variante.

Den Sellerie und den Apfel grob raspeln. Sofort mit dem Zitronensaft vermengen (sonst werden der Apfel und der Sellerie braun) und mit den übrigen Zutaten mischen. Abschmecken und 1 Std. kaltstellen. Gegebenenfalls erneut abschmecken und servieren.

IDEEN ZUM ABENDBROT

ca. 500 ml | 15 Min. | kinderleicht

5 getrocknete Feigen
1 TL Schwarzkümmelsamen
1 Packung Feta (Schafskäse)
1 Packung Frischkäse (natur)
1 TL mildes Curry
ggf. Salz
3 EL Rapskernöl

Im Winter sind leckere Aufstriche oder eine warme Suppe willkommene Abwechslungen. Dieser süß-herzhafte Aufstrich passt z. B. gut in den Winter:

Frischkäse-Schafskäseaufstrich mit Feigen, Curry und Schwarzkümmel

Die Feigen mit kochendem Wasser übergießen und kurz stehen lassen. Währenddessen die Schwarzkümmelsamen in einer beschichteten Pfanne ohne Fett anrösten, bis sie duften. Die Feigen abgießen und in kleine Würfel schneiden.

Feta zerbröseln und mit dem Frischkäse, den Feigenwürfeln, den ohne Fett angerösteten Schwarzkümmelsamen und dem Curry vermengen. Am besten erst probieren und dann ggf. nachsalzen. Meistens reicht das Salz vom Feta. Mit dem Öl aufgießen und zweimal kurz umrühren. Es dürfen ruhig noch Ölpfützen auf der Creme stehen. Reste ggf. in kleine Gläser füllen. Hält sich ca. 1 Woche im Kühlschrank.

Als Rohkost passen **Möhren, Äpfel** und **Rote Beten.**

Winterliche Salate sind der Selleriesalat mit Joghurt & Apfel (S. 119), der Möhrensalat mit Sesam (S. 108) oder der gebratene Salat mit Mandel-Vinaigrette (S. 114).

„Vom Möhrensalat mit Sesam gleich eine große Portion machen, dann reicht er noch für das nächste Abendbrot."

REZEPTE UNSERES GESUNDHEITSPARTNERS AOK

Die AOK unterstützt Ackerdemia e. V. bei der Verbreitung und Umsetzung der GemüseAckerdemie an Schulen. Mit dem Präventionsprogramm sowie dem Kindertheater Henrietta & Co. engagiert sich die AOK für die großen Gesundheitsthemen Ernährung, Bewegung und psychische Gesundheit. Mehr Informationen unter www.aok-kindertheater.de.

Ketchup – selbst gemacht

1 kleiner Apfel
1 Zwiebel
200 g Tomaten
50 g Tomatenmark
1 Msp. Zimt
1 Msp. Curry oder Paprika edelsüß
½ TL Salz, Zucker nach Belieben

Apfel schälen, vierteln und das Kerngehäuse entfernen. Zwiebel schälen und mit dem Apfel in kleine Stücke schneiden. Tomaten überbrühen, die Haut abziehen, vierteln und die Kerne entfernen. Apfel, Zwiebel und Tomatenfilets in wenig Wasser in ca. 10 Min. weichkochen und pürieren. Das Tomatenmark unterrühren und mit den Gewürzen abschmecken.

Herbstliche Gemüsesuppe mit Kürbis

300 g Kürbis
300 g Zucchini
300 g Kartoffeln
300 g Karotten
200 ml Sahne
1 Liter Gemüsebrühe

Kürbis, Zucchini, Karotten und Kartoffeln waschen und putzen. Das Gemüse in Streifen oder Würfel schneiden. Butter in einem Topf schmelzen lassen und darin das Gemüse kurz anschwitzen. Mit der Gemüsebrühe auffüllen und 15 Min. kochen lassen. Anschließend wird die Suppe mit einem Pürierstab püriert. Dann die Sahne unter die Suppe ziehen und mit Salz, Pfeffer, Muskatnuss und frischen Küchenkräutern abschmecken. Je nach Geschmack können über die Suppe Kürbiskerne (geschält) gestreut werden.

PFLANZ- UND ERNTEKALENDER

- Aussaat Fensterbank
- Aussaat Freiland
- Pflanzung Freiland
- Ernte ist farbig markiert

Die Saat- und Pflanztermine sind oft sortenabhängig. Checkt für den eigenen Anbau noch einmal die spezifischen Angaben.

BLATTGEMÜSE

	JAN	FEB	MÄR	APR	MAI	JUN	JUL	AUG	SEP	OKT	NOV	DEZ
LAUCH	Ernte	Ernte	Ernte, Aussaat Freiland	Aussaat Freiland		Pflanzung Freiland			Ernte	Ernte	Ernte	Ernte
SPINAT	Ernte	Ernte	Ernte, Aussaat Freiland	Ernte, Aussaat Freiland	Ernte	Ernte		Aussaat Freiland	Aussaat Freiland	Ernte	Ernte	Ernte
FELDSALAT	Ernte	Ernte	Ernte					Aussaat Freiland	Aussaat Freiland	Ernte	Ernte	Ernte
GARTENKRESSE			Aussaat Freiland	Ernte, Aussaat Freiland	Ernte, Aussaat Freiland	Ernte, Aussaat Freiland	Ernte, Aussaat Freiland	Ernte, Aussaat Freiland	Ernte, Aussaat Freiland	Ernte		
MANGOLD, BETE			Aussaat Fensterbank	Pflanzung Freiland, Aussaat Freiland	Pflanzung Freiland, Aussaat Freiland	Ernte, Pflanzung Freiland	Ernte	Ernte	Ernte	Ernte	Ernte	
SALAT		Aussaat Fensterbank	Pflanzung Freiland, Aussaat Freiland	Pflanzung Freiland, Aussaat Freiland	Pflanzung Freiland, Aussaat Freiland	Ernte, Pflanzung Freiland, Aussaat Freiland	Ernte, Pflanzung Freiland	Ernte, Pflanzung Freiland	Ernte, Pflanzung Freiland, Aussaat Freiland	Ernte, Aussaat Freiland		
PALMKOHL		Aussaat Fensterbank	Aussaat Freiland	Pflanzung Freiland, Aussaat Freiland	Pflanzung Freiland		Ernte	Ernte	Ernte	Ernte	Ernte	Ernte
BLUMENKOHL, BROKKOLI	Aussaat Fensterbank	Aussaat Fensterbank			Pflanzung Freiland, Aussaat Freiland	Pflanzung Freiland, Aussaat Freiland	Ernte	Ernte	Ernte	Ernte		
KOPFKOHL		Aussaat Fensterbank	Aussaat Fensterbank		Pflanzung Freiland	Pflanzung Freiland			Ernte	Ernte	Ernte	Ernte
ENDIVIE, ZICHORIE						Aussaat Freiland	Pflanzung Freiland, Aussaat Freiland	Pflanzung Freiland	Ernte	Ernte		
PEKINGKOHL						Aussaat Freiland	Pflanzung Freiland, Aussaat Freiland	Pflanzung Freiland		Ernte		

WURZELGEMÜSE

	JAN	FEB	MÄR	APR	MAI	JUN	JUL	AUG	SEP	OKT	NOV	DEZ
PASTINAKE	Ernte	Ernte	Ernte, Aussaat Freiland	Aussaat Freiland						Ernte	Ernte	Ernte
SCHWARZWURZEL, HAFERWURZ	Ernte	Ernte	Ernte, Aussaat Freiland	Aussaat Freiland						Ernte	Ernte	Ernte
MÖHRE		Aussaat Freiland	Aussaat Freiland	Aussaat Freiland	Aussaat Freiland	Ernte, Aussaat Freiland	Ernte, Aussaat Freiland	Ernte	Ernte	Ernte	Ernte	
YACÓN					Pflanzung Freiland					Ernte	Ernte	

FRUCHTGEMÜSE

KNOLLENGEMÜSE

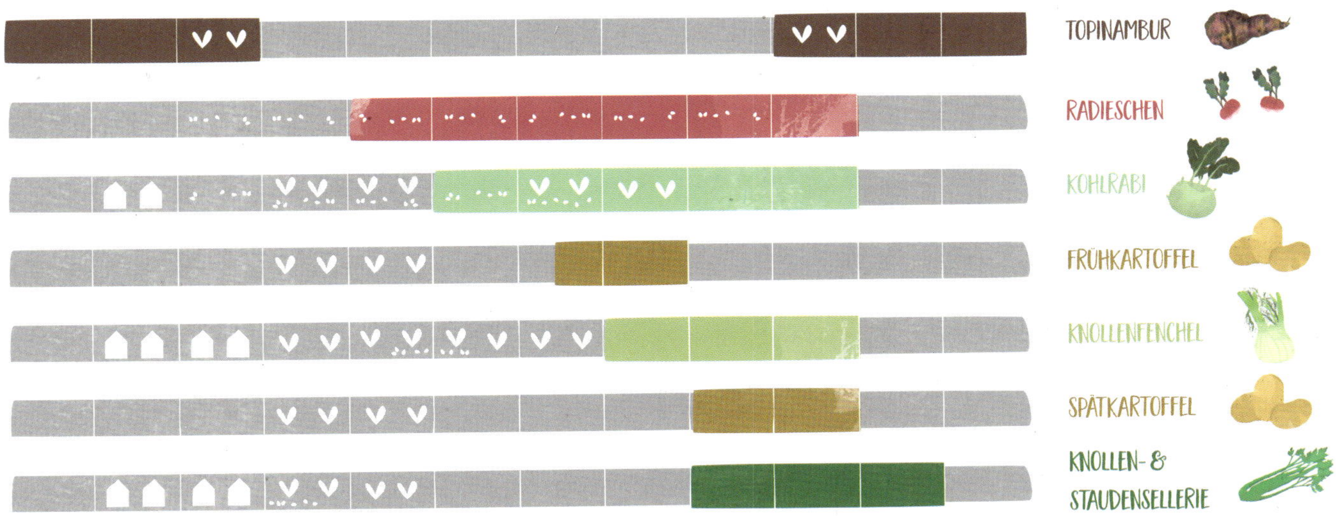

ZWIEBELGEMÜSE

REGISTER

DANKE

Danke an Roxy, die uns während ihres Freiwilligen Ökologischen Jahres regelmäßig bekocht und einige ihrer – meist veganen – Rezepte zur AckerKüche beigesteuert hat. Danke an Klemens für die Foto-Unterstützung und an Theresa und Tinka für ihr fotogenes Geschirr. Und ein großes Dankeschön geht auch an unsere Testesserinnen Luise, Clara, Rebecca, Merle und Liv Lena!

Danke an Tim Mälzer für das Grußwort und das Projekt „Klasse, Kochen!" mit seinen Kooperationspartnern – dem Bundesministerium für Ernährung und Landwirtschaft (BMEL), der Bertelsmann Stiftung und Nolte Küchen.

Wir bedanken uns ganz herzlich bei der AOK Nordost, der AOK Bayern und der Veolia Stiftung, die die Realisierung des Kochbuches finanziell unterstützt haben.

Stiftung VEOLIA

AOK Die Gesundheitskasse.

DU FINDEST UNS GUT?

Du möchtest mehr über gesunde Ernährung und den eigenen Gemüseanbau mit Kindern erfahren? Du willst die Idee der GemüseAckerdemie verbreiten?

Unter **www.gemüseackerdemie.de** findest du alle unsere Angebote für Schulen, Kitas und Familien.

Wir freuen uns auf dein Feedback unter:
info@ackerdemia.de